金剛經

白話直解

詹金益◎著述

金益賢弟

金剛喻性

壬申季冬 張培成題

序

金剛經，是般若大部六百卷之一卷，文約義精，殊勝淵博，其間幽深微妙之處，又曲爲譬喻，以及發揮不住相之理，是本經最大之旨趣。自古以來，有關解說此經者，何止數百家，至於受持是經之善信，以及有心學佛希求出世之人，皆以受持是經爲最貴要及最佳之捷徑，其方式，或誦讀，或觀解，或印送講演等，不一而足，可見是經流布廣泛之一般，已是家喻户曉。然而究其受持之眞實意義時，卻大多懵然不得要領，即使稍有所知者，亦無非盡在文字上推敲，或揣度捉摸而已，至於見性成佛，實相無相，明心見性，以及如如不動等義，更難有與經相吻合，如此雖曰受持，其實何眞爲受持之有，殊爲惋惜。

昔釋迦世尊在成道時，驚詫而言曰：「奇哉，奇哉，大地眾生皆具如來智覺性，但因妄想不能證得，若無妄想執著，即無師智，自然智即將現前。」由此可見，世人皆具佛性，是有造之道器，可成之根基。然世之修習者，或在事上修，或在貌上修，或在口上修，耳目上修，是一切有爲之法，何道之有哉！子夏曰：「雖小道必有可觀者焉，致遠恐泥，……」正是指出是爲未悟金剛般若正智之故。

今詹君金益前輩，有鑒於斯，更素志潛心金剛經有年，深得個中秘旨，爰撰釋《金剛經白話直解》一書，行將付梓，以單行本問世，其內容以深入淺出顯而易知之筆法，以便讀者隨處研讀，久之必有所得，就中特別指出上帝是一切萬有自然之眞宰，也是人性之根源，深獲吾心，索序於余，因爲之序，深望同修人手一冊，傳之於將來，則具詹君之功德無量焉耳。

中華民國八十一年冬月　　袁翥鴞序於基隆寓所

自序

愚自入道門，承蒙張老前人慈悲，於先天大道一貫眞傳—性理心法方面多方示誨，是故，對愚日後閱讀三教經典，啓悟甚大，這一切當感恩老前人之栽培成全，因而有今日《金剛經白話直解》之輯冊成書。

金剛經是如來的心法。故聞經須悟性，聽法要明心，看經能轉經，則能開智慧，亦能覺佛性，即復得人生最高價值—完整之人。道非外得，佛非外求，道本在身，佛本於心。經以自信本然佛心爲主，以離相爲宗，無住爲體，妙有爲用，即人道歸爲天道，有爲轉爲無爲，明此如來的絕對心法，永恆的眞理，則可成人成己，濟世度人。

現今末法時期，術流動靜，左道外教昌盛，魚目混珠，眞假莫辨，幸好釋佛慈德，留傳這部金剛般若經，可用來明辨正法。此經濟佛註解詳明在先，故本經是根據濟佛原註而濃縮，以白話簡略之直解本，敬獻於親愛的讀者們，祈共覺如來⊙佛心印，了悟萬靈同體而一視同仁，能顯如來佛性—本然之仁愛，推於天下，共成爲眞善美的人間天堂。

詹金益前人，民國九年農曆十月廿五日生於中壢市。卅八年春，機緣成熟，在竹南張姓友人引渡之下，於四月廿九日求得大道，當日隨即清口茹素，齊家修道，並開設佛堂，濟公活佛賜名「天德堂」。

民國卅八年十月廿日敬領天命，便全心投入道場，重聖輕凡。前人在張老前人的成全與提攜之下，寒來暑往，實踐力行，從事道務上的策劃及發展。尤其對三教經典的融會貫通，性理心法的體證，更讓後學慶幸深得天道眞傳。

民國七十六年深感道親增多，中堂不敷使用，遂與兄弟共同捐獻忠福地段八百坪，籌建大道場「天德堂」。翌年元旦落成啓用。

餐風露宿，只爲道親，癘疾從公，爲道忘軀，幾次病倒又站起來，就是爲了渡化成全更多的眾生。前人深感師恩母德的浩蕩，性理眞傳的寶貴，更致力於著述《一貫心法》、《金剛經白話直解》、《清靜經直解》。於病情加重時，仍挑燈完成《論語六十四講》、《孟子十八講》。並再三囑咐道親成全渡眾行功立德。

民國八十二年農曆三月廿九日，歸根復命，享年七十四歲。前人終身立德、立功、立言，求仁得仁，如今道成天上，典範長存人間，令後學們追思不已。

詹前人在張老前人的教誨下，時時領悟師尊師母所傳承的性理心法，故有《金剛經白話直解》的編輯成冊，初版於民國八十二年以講義本問世，民國九十二年欣逢天德堂落成十五週年，及追思詹前人成道十週年紀念，故又將《金剛經白話直解》重新編整，以精裝本再版，盼與更多前賢大德共享心法，證悟大道，是為至禱！

後學　廖永康敬記於天德堂

九十二年元旦

目錄

詹金益 前人於天德堂前留影

上帝是宇宙一切萬有自然的主宰

明明上帝　即　無極至神

自然是上帝無所不包永恆的能力

如來是一切萬理萬法自然的元資

心合上帝　即復　如來本性

本性是無所不貫萬德真理的源泉

金剛經白話直解

眞佛無形，眞性無體。
眞法無法，道本無名。
上面之◯圈代表　稱為：

上帝

無量清虛　明明至尊　包羅萬象　主宰一切

無極之大道。
眞空之至神。
宇宙之眞宰。
天地之根源。
萬物之資始。
萬有之動力。
自然之法則。
上帝之眞理。

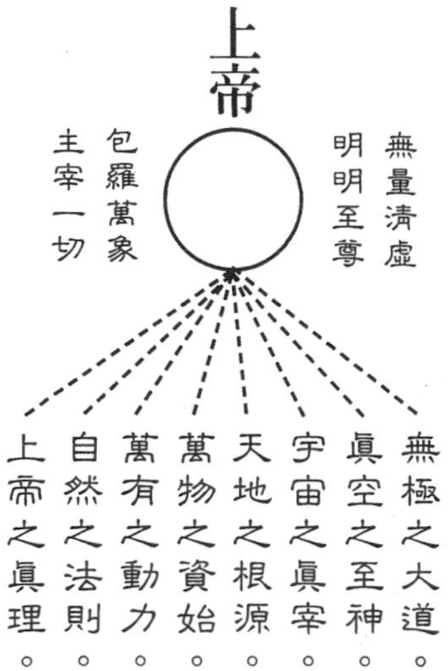

此無極至尊虛靈賦在人身　稱為：

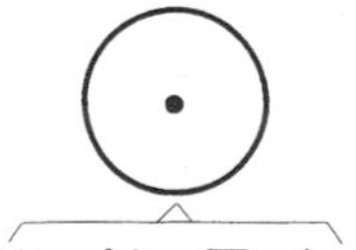

本性

無聲無臭　天賦靈明　萬理具備　貫通萬有

天賦之明命。
本然之道體。
如來之實相。
不死之谷神。
妙明之良知。
至善之理性。
萬德之本源。
天性之眞理。

⊙

師指一竅本來眞
原來天人合一心
若能洗心歸原性
至善萬法由此生

人心合無極真空之代名詞為：

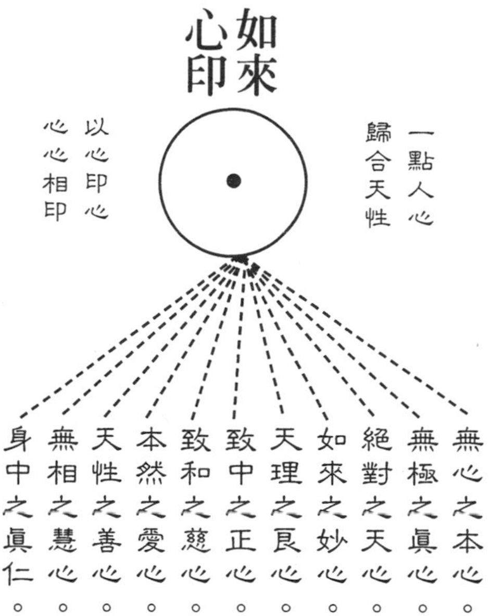

如來心印

一點人心歸合天性

以心印心心心相印

無心之本心。
無極之真心。
絕對之天心。
如來之妙心。
天理之良心。
致中之正心。
致和之慈心。
本然之愛心。
天性之善心。
無相之慧心。
身中之真仁。

明此靈明一本之處代名詞為：

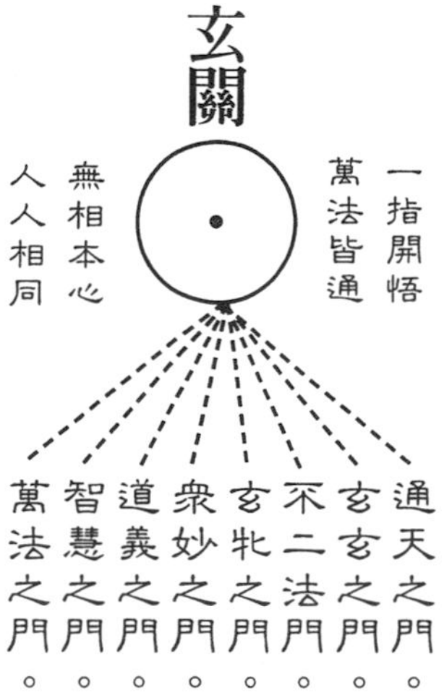

玄關

一指開悟萬法皆通

無相本心人人相同

通天之門。
玄玄之門。
不二法門。
玄牝之門。
衆妙之門。
道義之門。
智慧之門。
萬法之門。

在本經中用這⊙標誌代表：

「如來佛心印」。
「身中之道體」。

【經名解義】

金剛般若波羅蜜經

金剛＝喻本性

佛以金剛石來譬喻人人的身上有如其本來—這個⊙清淨光明的佛性存在。

金剛石是光澤透明，堅利不變。

本性是純德透澈，常明不變。

般若＝妙智慧

一、本性中⊙靈明的妙智慧。

二、天然自知本明之原智。

三、良知良能自明之理智。

四、如來本然圓明之妙慧。

波羅蜜＝到彼岸

人生在苦海中，心放於外，隨波逐浪，追求名、利、貪、嗔、癡、愛。受妄所迷，生生死死、輪迴不已，佛慈悲引我們回頭到彼岸，尋到自身中的金剛佛性，本然的妙智慧之所⊙在處而止住。

經＝逕也

這一部金剛經是引進我們掃心去相、明心見性，回復本然的靈明⊙佛性，使能超生脫離輪迴之路徑。

法會因由分第一

【經 文】

如是我聞　一時佛在　舍衛城　祇樹給孤獨園　與大比丘眾　千二百五十人俱　爾時世尊　食時　著衣持鉢　入舍衛大城乞食　於其城中次第乞已　還至本處　飯食訖　收衣鉢　洗足已　敷座而坐。

【探義】

如來佛爲說法引度眾生，使眾生能自度解脫而超生之大事，必須要因人、因地、因時、因事之四因，使眾生能頓悟自性的心法，所以如來佛在法會開端的第一章，就安排『因人』，使上根上聞此經，能自覺自有這個⊙眞人佛性存在。『因地』能選擇講經的好道場，來啓悟佛性居住的方寸至善地。『因時』使能明白應時應運大道普降的時期。『因事』使能了悟在日常中，一切事皆不離佛性所發之眞理來調和。

如是我聞

阿難尊者自稱，如是我從佛聞。如來是我的佛性，反觀自身中，在此⊙如來的無相妙心聞覺（在此⊙中聞）。

【附 言】

如是—佛用「如是」二字代表為人身中的如來⊙佛心印。

『如』字是女、口兩字組成

即「汝◯」汝身中無極◯大道。

是如其本來清淨這個◯佛性。

是天命之謂性，即身中之◯道體。

『是』字是日、下、人三字組成

即「⊙不人」人身中的佛心印。

是一點「・」人心所在如來「◯」虛明中的佛⊙心。

是人心合於天性⊙的天理良心。

是收心止住這個⊙至善地之本心。

是超越人心的相對，合此◯自性的絕對真理。

如是

如即自佛◯之道體。
是即無相⊙之德用。
如即一本◯之天理。
是即萬殊⊙之妙法。
如即真空◯之妙理。
是即自然⊙之應感。
如即真理◯之源泉。
是即萬法⊙之開闢。

一時佛在

一心至誠在這個⊙一本方寸至善地之時，自佛如來則自在而自主。

【附言】

一者這個⊙如來核心的本知本能。
一者這個⊙自性中心的般若之體。
一為如來清淨的涅槃妙心。
一為教外別傳的如來⊙心法。
一為無極核心⊙之主。
一為萬法之能。
一為萬德之本。
一為萬理之歸。
一為萬用之功。
一為萬事之齊。

知此◯無心之⊙中心之一。

明此◯無相之⊙實相之本。

即明自性如來一本之真理。

一理通、萬理徹，一竅通、百竅通。

一中⊙知一切。一切中⊙知一。

舍衛城　祇樹給孤獨園

這本金剛經，是佛在舍衛城祇樹給孤獨園的大講堂所說的。佛借此善美華麗的城地，來啟示眾弟子、身中之「⊙」眞善美，至善之地，有自性如來佛在此說法。

舍衛城　祇樹給孤獨

『因地悟本』

印度的國都是中央善美，華麗之城地。

祇陀太子所居。園中太子所栽的數木林立。

此園時時都在布施孤獨無依的人。

此林園又稱祇園精舍，建有七層寺院，是佛如來講經之所。

自身之中央是⊙善美全備之方寸至善地。

性王所居。本性的萬理萬法之美德林立。

由自性中本有⊙獨一無二絕對的一本眞理，可時時顯施而樹人樹德。

自己中土之⊙眞仁自佛如來可在此顯法自如。

與大比丘衆　千二百五十人俱

佛在孤獨園的大講堂中，與大德完備的佛弟子，聚集千二百五十人同處法會。

『因人悟性』

千二百五十人俱：是代表一二五數，即自性圓明，俱足無缺之意。

濟佛曰：「一二五是大道之理數，
無極之一生陰陽兩儀，
二生五行，化生萬物」。

天之明命，賦與人身中謂理性。一為天理『丨』二為良心『忄』。五為天理良心所生之德『生』。合共為八，生先天『性』也。一為一心「一」。二為人身『人』。五為至誠叩敬『叩』。合共為八，生後天『命』也。天性身命，二人合一成為仁『⊙』，仁者人

也；即千二百五十人性命俱足，善美圓明之道也。是人身從令於天性不離，而行即率性之謂道也。二八成十六，古人說：十六兩命是性命合一『⊙』，道德完整俱足，自性光明無缺的佛聖。

爾時世尊　食時　著衣持鉢　入舍衛大城乞食　於其城中次第乞已　還至本處　飯食訖　收衣鉢洗足已　敷座而坐。

法會開始之時，正是如來佛應當乞飯的正午時刻。佛穿起袈裟，持起乞飯的鉢子，走入舍衛大城中乞食，在其城中按次序一家一家的乞求，然後回到原來之處，吃完了飯，收起衣鉢，洗完了足，鋪好座位，便坐下了。講解此經。

『因時悟法』

爾時世尊

如來滅後，後五百歲，是午未相交末法的時期，世上的人類大多喪失了良心的真理，亦是最尊貴的如來本性缺乏靈糧的時刻。

食時

佛有一定之食，非時不食，寅、卯、辰三時諸天食時。巳、午、未三時人法食時。申、酉、戌三時鬼神食時。亥、子、丑三時畜生食時。今言食時是人法食時，午未相交之時。

食

人良二字組成。食良心的真理為靈糧。在末法的時期，天命真師領下靈糧的正法下世，所以一切眾生能得乞求，這個⊙無相之果來充饑，使能回復本然良知之心。

『因事悟用』

著衣持鉢

鉢：金本二字組成，代表金剛本性。

著衣：即皈依自佛如來清淨之性。

持鉢：即時時可持奉金剛般若智。

入舍衛大城乞食

在天下之大城中，度親化友，明德新民，以道來化度眾生，以德之靈糧來培養自性道體。

於其城中次第乞已

在天下中的眾生，一個個皆能乞求明師的靈糧，而復明明德本然之般若。

還至本處

收其放蕩的妄想私欲心，還回止住在至善一本之⊙處。

飯食訖

食性命之糧，無心之果⊙，已經充食完畢，回復自性中本原的清淨般若智。

收衣鉢

雖然皈依如來自性佛，但是心無皈依之法相，亦無持奉金剛般若之念妄之相，來遮蔽這個⊙如是根本。

洗足已　敷座而坐

完全洗盡自心的一切妄相與法障，除盡一切的污染，脫離紅塵，明心復見這個⊙清淨自性如來，本不離我身，而同起同落、同行同坐。

善現啓請分第二

【經文】

時 長老須菩提 在大眾中 即從座起 偏袒右肩 右膝著地 合掌恭敬 而白佛言 希有世尊 如來善護念諸菩薩 善付囑諸菩薩 世尊 善男子 善女人 發阿耨多羅三藐三菩提心 云何應住 云何降伏其心 佛言 善哉善哉 須菩提 如汝所說 如來善護念諸菩薩

善付囑諸菩薩　汝今諦聽　當爲汝說　善男子　善女人
發阿耨多羅三藐三菩提心　應如是住　如是降伏其心
唯然　世尊　願樂欲聞。

【探義】

善現是須菩提之名，佛講這部金剛經的開端，佛即以因地、因時、因人、因事之一段光景的竅妙和合表現，使須菩提豁然初醒，心有所感而當機啓請，欲佛指授，如是⊙之法。

時　長老須菩提　在大衆中　即從座起

在這個時候，道德及年歲最高的弟子，名須菩提，在千二百五十人的聽衆中，即從自己座位上站了起來。

偏袒右肩

穿的袈裟，露出右肩，以示不敢悖乎師。

右膝著地　合掌恭敬

右腳跪地，以示不敢左乎道；雙手合掌恭敬的行一個禮表示。

而白佛言

來表白自心感悟，而對佛讚了一聲的說。

希有世尊

難得少有的法會，眞是妙合機緣啊！世尊。

希有：

一、時希有。　二、處希有。

三、德希有。　四、事希有。

世尊：

釋迦如來佛的尊敬稱呼

如來善護念諸菩薩　善付囑諸菩薩

釋佛如來的慈悲，善護念此會中的眾菩薩，使之信受，又於此佛法，善付委囑託於諸修人，使之奉行。

世尊　善男子　善女人　發阿耨多羅三藐三菩提心　云何應住　云何降伏其心

須菩提請問釋迦佛曰：若有善男信女，自心誠信，生發最上、至正、平等、正覺的菩提心之時，請問此菩提眞心，應當向何處常住而永遠不變不離。若是妄念心一起，應當如何降伏，使我眞心不亂。

佛言　善哉善哉

佛回答須菩提曰：問得好，問得好！你問這兩句話，正合我的心意。

須菩提　如汝所說　如來善護念諸菩薩　善付囑諸菩薩

佛又再喚之曰：須菩提啊！如來佛非我自有，世上眾生，人人皆有如來。「如汝所說」＝現在如來佛也在汝身上，這個⊙處所，時時的善護念諸菩薩，善付囑諸菩薩啊！

如＝如來自佛。

汝＝在汝身中。

所＝至善⊙之所。

說＝時時在護念。

汝今諦聽　當爲汝說

汝現在反心自問，全誠一心的，聽聽自身中這個⊙本然的如來，應當時時爲汝所說。

善男子　善女人　發阿耨多羅三藐三菩提心　應如是住　如是降伏其心

所以一切的善男信女，若是發出無上正等正覺的菩提心之時，應當在自身中的如來，這個⊙清淨佛心之所而安住。妄念心若起之時，應當隨即在這個⊙如來佛智降伏其心。

唯然　世尊　願樂欲聞

須菩提此時，豁然開悟這個⊙本有的如來，而後恭敬的對釋迦如來說，這個⊙本然眞我的如是眞理，希望進一步的請師爲我開示。

大乘正宗分第三

【經文】

佛告須菩提　諸菩薩摩訶薩　應如是降伏其心　所有一切眾生之類　若卵生　若胎生　若溼生　若化生　若有色　若無色　若有想　若無想　若非有想　若非無想　我皆令入無餘涅槃而滅度之　如是滅度　無量無數無邊眾生　實無眾生得滅度者　何以故　須菩提　若菩薩有我相　人相　眾生相　壽者相　即非菩薩。

【探義】

大乘菩薩是悟明清淨的本心，現出同胞的愛心，來己度度人，明德新民的正法根宗。即是化除一切的妄心，轉入於絕對內在本誠的一心，所顯之眞理，來化度眾生無為之德，使能培養自性的道體為正宗。

佛告須菩提　諸菩薩摩訶薩

佛知須菩提已經悟明身上這個⊙如來本心道體之所在。所以佛再告之日，諸菩薩、以及大德大智之菩薩們。

應如是降伏其心

應當時時不離自性如來的佛智慧，來制伏自心一切妄幻的眾生心。

眞如道體

淨明核心

收伏妄念心

歸納至善地

所有一切衆生之類

所以人心一切的妄幻、眾念、生生之類。

若卵生

像卵生‖飛揚遠適，心易輕舉。

若胎生

像胎生‖習氣深重，心常流轉。

若溼生

像溼生＝沈淪不省，心隨邪見。

若化生

像化生＝遷變起幻，心見景趣。

若有色

像有色＝頓起邪思，執相修因。

若無色

像無色＝不修妙慧，內守頑空。

若有想

像有想＝係念染著，滯諸聞見。

若無想

像無想‖猶如木石，靜沈死水。

若非有想　若非無想

像非有想．非無想‖落兩端，執生滅見。

以上十種眾生心的妄塵，皆是遮蔽靈明妙智的障礙物。

我皆令入無餘涅槃而滅度之

所以自佛如來的眞我，要自度自心一切的眾生，滅其業障，收其放心，完全無餘而納入這個⊙不生不滅、清淨自佛之地。

如是滅度　無量無數無邊衆生　實無衆生得滅度者

一、佛曰：我雖然如此引導無量、無數、無邊的眾生，使其自性自

度，但是我只用這個⊙本然如是無為的本心，來引導而已。

實在的說，我的心中卻沒有眾生得我所度之妄念啊。

二、如此自度無量、無數、無邊自心眾生，納入這個⊙實相妙無而清淨，但自心卻無執「眾生得我滅度」之妄念。

何以故　須菩提

為什麼緣故，心不可有執我度的念頭，須菩提啊！你知道嗎？

若菩薩有我相　人相　眾生相　壽者相　即非菩薩

若是菩薩，自恃其能，有執度之我相，又妄計人我之別的人相，或心有眾念妄欲的眾生相，或念念愛長壽、諸執不忘的壽者相，即非這個⊙天性圓明的菩薩。

※凡有一切的一切心所思念的形跡，執而不化謂之相。

妙行無住分第四

【經文】

復次　須菩提　菩薩於法　應無所住　行於布施　所謂不住色布施　不住聲　香　味　觸　法布施　須菩提　菩薩應如是布施　不住於相　何以故　若菩薩不住相布施　其福德不可思量　須菩提　於意云何　東方虛空可思量不　不也　世尊　須菩提　南西　北方　四維上

下虛空可思量不　不也　世尊　須菩提　菩薩無住相布施福德亦復如是　不可思量　須菩提　菩薩但應如所教住。

【探義】

由此⊙自性的妙慧自然所發之德，行於布施，但心無執所施之念，才是無住相的眞妙行。

復次　須菩提

佛再與須菩提說：無相以守⊙中，無心以應事的眞理。

菩薩於法　應無所住　行於布施

菩薩對於無上本然的正法，應當心要住在這個⊙妙無道體，無相的良知之心，而行於布施。

所謂不住色布施　不住聲　香　味　觸　法布施

因此不著形色的妄相，行於布施。更不執聲、香、味、觸、法之妄塵之心，行於布施。

須菩提　菩薩應如是布施　不住於相

須菩提，菩薩應當顯這個⊙如是慈心，自佛的眞理，行於布施。不可執六塵之妄相，來遮蔽自佛的妙明智慧。

何以故

爲什麼緣故不可執相布施呢？若執相布施則是後天有爲的福報，就不能成其大。

若菩薩不住相布施　其福德不可思量

若是菩薩不著妄相，無心所發之道，用來布施，所復得之先天⊙福德，是不可稱量的。

須菩提　於意云何

須菩提啊！你對於無住相布施，其福德不可稱量的意思怎樣，這個⊙無心的眞空明白否？

東方虛空　可思量不

佛譬喻像東方那個無邊際的虛空，可以心思度量嗎？

不也　世尊

須菩提答曰：不可以度量呀！世尊。

須菩提　南西　北方　四維上下虛空　可思量不

佛又曰：須菩提啊！像南、西、北方，以及東南、東北、西南、西北、的四維，合上下的太虛空，可以心思度量嗎？

不也　世尊

須菩提又答曰：更不能夠度量啊！世尊。

須菩提　菩薩無住相布施　福德亦復如是　不可思量

佛曰：須菩提，菩薩若由無相、無心的這個⊙本心，行於布施，其福德亦如同十方虛空，不可度量的啊！

須菩提　菩薩但應如所教住

佛再呼須菩提曰：菩薩們！但應收自心在這個⊙虛無如來的本性之所而止住，清淨自性自然地包羅天地，無所不通，發揚廣大。

※清靜經曰：人能常清靜，天地悉皆歸。

如理實見分第五

【經文】

須菩提　於意云何　可以身相見如來不　不也　世尊　不可以身相得見如來　何以故　如來所說身相　即非身相　佛告須菩提　凡所有相　皆是虛妄　若見諸相非相　即見如來。

【探義】

如者眞如也。眞如實相，本來是如來的法身眞理之體，即是無相的實相，因此不可以執相見如來，亦不可以離相見如來，執相成妄塵而障，離相落斷滅而空。故不執不離，雖有相而不住相，則即見諸相非相之時，本然如來自然自現矣。

須菩提　於意云何

佛向須菩提曰：你的意思怎麼樣，對於這個⊙如來的實相是否明白。

可以身相見如來不

可以執色身幻相見到如來嗎？

不也　世尊　不可以身相得見如來

須菩提答曰：不可以的，世尊啊！

實在的，不可以執色身幻相來得見這個⊙法身如來的啊！

何以故

是什麼緣故不能見呢？

如來所說身相　即非身相

因爲佛所說的是這個⊙自身如來的法身，無相的本然實相，而不是色身幻相的身相，所以用色身的幻妄之相，來見法身的眞空如來是不可能的。

佛告須菩提

佛又對須菩提說：

凡所有相　皆是虛妄

凡是世間所有的一切相，皆是虛妄不實的，所以不可以色身見如來，亦不可以心相觀如來。

若見諸相非相　即見如來

故若能悟覺一切相，皆是虛妄之假相，而心不住於相之時，自然我心淨明，而現如來的眞法相了。

正信希有分第六

【經文】

須菩提白佛言　世尊　頗有眾生得聞如是言說章句　生實信不　佛告須菩提　莫作是說　如來滅後　後五百歲　有持戒修福者　於此章句　能生信心　以此為實　當知是人　不於一佛二佛三四五佛　而種善根　已於無量千萬佛　所種諸善根　聞是章句　乃至一念　生淨信者

須菩提　如來悉知悉見　是諸眾生　得如是無量福德

何以故　是諸眾生　無復我相　人相　眾生相　壽者相

無法相　亦無非法相　何以故　是諸眾生若心取相　即

爲著我人眾生壽者　若取法相　即著我人眾生壽者　何

以故　若取非法相　即著我人眾生壽者　是故不應取法

不應取非法　以是義故　如來常說　汝等比丘　知我說

法　如筏喻者　法尚應捨　何況非法。

【探義】

一指⊙明正法。誠信⊙發自法。正法根宗的如來⊙心法，執有則著相，執無則著空，對此非空非不空，無相之實相妙理，乃是難信難解，故能得機緣來確信如是正法的人，實是希少呀！

須菩提白佛言

前分佛所說的，心若無著相，就能見如來的法身，這個⊙深奧的妙理，須菩提已經領悟了，所以有感於內，而發惻隱之心，爲未來的眾生，表白心思之疑，而對佛請曰。

世尊　頗有衆生得聞如是言說章句　生實信不

世尊啊！以後未來之世，有大多數的眾生，能聞像現在佛所說的，如是⊙眞空，無相之言，其言說中之妙無妙有章句，能生實在的信心嗎？

佛告須菩提　莫作是說

佛聞之言，就回答須菩提，說：你不可以這樣說啊！

如來滅後

就是我如來歸天以後。

後五百歲

釋迦如來佛至現在，共計有二五〇〇餘年，五〇〇年爲一轉運期，因此共分爲五期，佛說：我如來歸天以後，最後五〇〇歲，即爲二千五〇〇年的現在—午未相交之時。

【附言】

大集經曰：『五五百歲』之說，二千五〇〇年，分為五期，以論興廢。

第一期：最初五〇〇年間，正法盛，解脫者多。

第二期：五〇〇～一〇〇〇年之間，解脫者少禪定者多。

第三期：一〇〇〇～一五〇〇年之間，實行漸衰，唯尚多聞經法。

第四期：一五〇〇～二〇〇〇年之間，唯有建造「塔、寺」為盛。

第五期：二〇〇〇～二五〇〇年之間末法時期，萬教鬥爭，增長邪見之時。

有持戒修福者

就有持守戒律，修復這個⊙福德性的有緣眾生出現。

於此章句

在如是這個⊙眞理妙法的裡頭，所言無相之妙理章句與眞義。

能生信心　以此爲實

即能生發誠信之心，並能以此爲眞實不疑。

當知是人

所以你當知這樣，深信這個⊙大善根之人。

不於一佛二佛三四五佛　而種善根

不只是拜經一佛、二佛、三、四、五佛，所培養的善根，就能相信的。

已於無量千萬佛　所種諸善根

是已於無量世中，從無量無數的千萬諸佛，所種下一切善因，而培養出的善根。

聞是章句

所以能聞到，這個⊙眞空妙無實相的一章一句。

乃至一念　生淨信者

即能誠守這個⊙無相的實相，而心淨不亂深信無疑。

須菩提　如來悉知悉見　是諸衆生

須菩提啊！如來的我，用佛慧眼，來觀察二千五〇〇年後的那時，能確信這個⊙佛心來顯用的善根諸眾生。

得如是無量福德

就能得到如十方虛空無量的福德。

何以故

為何有那麼大的福德呢？

是諸衆生

因為後世善根深厚的諸眾生，已經自心悟透，且超越一切的相對並可通此「⊙」絕對的眞理與萬法的根本。

無復我相　人相　衆生相　壽者相

所以不再有我、人、眾生、壽者之四妄相，來蒙蔽本明之「⊙」法相。

無法相　亦無非法相

又無執見聞、所學的一切法相，相反的亦無執斷滅，一無所有的非法相。

何以故

爲什麼緣故，不可以取法相，亦不可以取非法相呢？

是諸衆生若心取相　即爲著我人衆生壽者

所以諸眾生啊！凡所有相，皆是虛妄，若是心取了相者，即執著我、人、眾生、壽者之四妄相也，就不能明這個⊙如來的實相了。

若取法相　即著我人衆生壽者

自性如來的法相，是無相之⊙實相。故心若取法相，亦即執有我、人、眾生、壽者之妄相，而障蔽如來的眞法相了。

何以故

爲什麼不可以取法相呢？因爲自心如來的「⊙」根宗本然之法，是

不學而明，不慮而知，不教而能的自然法體，所以不可以取法相。

若取非法相　即著我人衆生壽者

法相不能取，那麼若取非法相的空心，而想要得正法者，亦即執有我、人、眾生、壽者之相了。

是故不應取法　不應取非法

爲此緣故，眞正這個⊙本然自性的法體，是不可以取法來遮蔽，亦不可以取非法來斷滅。

是故：以法而離法，以相而離相；聽法明本心，聞經悟自性。

以是義故

所以自性如來，是這個⊙妙淨無相，絕對圓明的法身之故。

如來常說　汝等比丘

如來佛常常說，修道的弟子們！

知我說法　如筏喻者

要明白，我所說之法，是來引導眾生，自度自性的方法，就好比用竹筏渡人過河的方法，到了岸，竹筏就捨而不用了。

法尚應捨　何況非法

因此借法來悟性，待自身法性明白了，佛所說的方法之法，就應捨去而不再用，佛所說的正法尚要捨去，何況不是佛法的一切外法，應全部捨而不執，則能明此⊙正法。

無得無說分第七

【經　文】

須菩提　於意云何　如來得阿耨多羅三藐三菩提耶　如來有所說法耶　須菩提言　如我解佛所說義　無有定法名阿耨多羅三藐三菩提　亦無有定法　如來可說　何以故　如來所說法　皆不可取　不可說　非法　非非法　所以者何　一切賢聖　皆以無爲法而有差別。

維摩經曰：

眞說法者，無說無示；

眞聽法者，無聞無得。

【探義】

佛是由這個⊙天性道體，因人所需而無心自然所發之法來說的無爲法。眞正的聽法是悟法意，使茅塞頓開，復其這個⊙本明無心的法體，非是佛所說的有聲可聞之法，強執所得之也。

須菩提　於意云何

佛曰：須菩提啊！你的意思如何，對於不應取一切法；而無執相的道理明白了嗎？

如來得阿耨多羅三藐三菩提耶

如來有得無上菩提之法嗎？

如來有所說法耶

如來有我之說而教人嗎？

須菩提言　如我解佛所說義

須菩提說如我來悟解佛所說的義理。

無有定法　名阿耨多羅三藐三菩提

如來是沒有固定之法可得的，而是復明這個⊙不變而能應萬變的本有如其本來法體，所以名叫做無上菩提。

亦無有定法　如來可說

因如來這個⊙淨明之法體，雖至靜，感而能應萬動，是應病施藥，因人說教的自然法，所以如來無有一定之法可說的。

永嘉曰：

佛說一切法，爲治一切心。

若無一切心，何用一切法。

何以故　如來所說法　皆不可取　不可說

是什麼緣故？如來所說一切之法不可取，亦不可說呢？如來所說之法，可以心悟而解開自心之結，不可以相取，使而執著法障遮蔽正法。若執如來所說之法，而轉說則成爲小乘之法也，就不是這個⊙大乘正宗如來的本然之法了。

非法　非非法

所以可見可聞之法，非是這個⊙根本的眞法，故曰『非法』也。但是有病之眾生，亦須要如來所說之方法，才能清除自心之病，而復明本來，故曰亦「非非法」也。

所以者何

因爲這樣，法不可取，不可說。非法，非非法，妙無而妙有，無爲而無所不爲的這個⊙如來之本然之法。

一切賢聖　皆以無爲法而有差別

自古以來一切的賢與聖，皆同樣的修悟這個⊙眞空無相的無爲自然之法，因悟入有深淺之故，乃至最後有聖賢之分別。

依法出生分第八

【經文】

須菩提　於意云何　若人滿三千大千世界七寶　以用布施　是人所得福德　寧爲多不　須菩提言　甚多　世尊　何以故　是福德　即非福德性　是故如來說福德多　若復有人　於此經中　受持乃至四句偈等　爲他人說　其福勝彼　何以故　須菩提　一切諸佛　及諸佛阿耨多羅

三藐三菩提法　皆從此經出　須菩提　所謂佛法者　即非佛法。

【探義】

佛菩薩教人掃盡妄相，斷除煩惱，不執有爲法之妄念，而昧蔽本明的理性，使心能時時依此「⊙」淨性金剛無字經，即是佛的以心印心的佛心印，由此誠感而發的自然法，則是超出相對無心本然之無爲法。

須菩提　於意云何

須菩提啊！你的意思如何，自性金剛般若波羅密的眞經無爲法，明白了嗎？

若人滿三千大千世界七寶　以用布施

日月所照（一太陽系內）爲一小世界。
一千個小世界爲一小千世界。
一千個小千世界爲一中千世界。
一千個中千世界爲一大千世界。
佛所說的是三千個大千世界。
七寶‖金、銀、琉璃、瑪瑙、珊瑚、珍珠、玻璃。

佛將欲以持此⊙眞經的無爲功德，開示修道之人，佛曰：若有人充滿三千大千世界之七寶拿來布施做善事。

是人所得福德　寧爲多不

這樣布施的人，所得到的福德多不多呢？

須菩提言　甚多　世尊

須菩提答佛曰：當然很多啊！世尊。

何以故　是福德　即非福德性

佛曰：爲什麼很多呢？因用七寶有形有相布施的所得福德，就不是這個⊙根本福德性，自然無限無爲的布施。

是故如來說福德多

因爲這個緣故，如來所說的福德多，還是有數有限的後天福德啊！

若復有人

若是能有明白福德性的人。

於此經中

在這個⊙金剛般若的自經中。

受持乃至四句偈等　爲他人說　其福勝彼

能誠受保守，達至無妄而身空、心空、性空、法空，來復明這個⊙福德性，而兼善他人，爲他人演說此⊙無爲法，其福德勝過三千大千七寶的布施了。

何以故

爲什麼緣故，有這樣大的福德呢？

須菩提　一切諸佛　及諸佛阿耨多羅三藐三菩提法　皆從此經出

須菩提啊！自古以來一切成功的佛祖，以及諸佛祖所演說的無上菩提法，皆是從明此⊙本然金剛無字眞經的無爲心法而成的。

須菩提　所謂佛法者　即非佛法

須菩提啊！所以佛所說的一切有聲可聞之法，皆是枝末性的教人明本之方法之法，而不是這個⊙自性佛、自然感而能發的根本之心法。

一相無相分第九

【經文】

須菩提　於意云何　須陀洹能作是念　我得須陀洹果不
須菩提言　不也　世尊　何以故　須陀洹名爲入流　而無
所入　不入色聲香味觸法　是名須陀洹　須菩提　於意
云何　斯陀含能作是念　我得斯陀含果不　須菩提言
不也　世尊　何以故　斯陀含名一往來　而實無往來　是

名須陀含　須菩提　於意云何　阿那含能作是念　我得
阿那含果不　須菩提言　不也　世尊　何以故　阿那含
名爲不來　而實無不來　是故名阿那含　須菩提　於意
云何　阿羅漢能作是念　我得阿羅漢道不　須菩提言
不也　世尊　何以故　實無有法　名阿羅漢　世尊　若
阿羅漢作是念　我得阿羅漢道　即爲著我人衆生壽者
世尊　佛說我得無諍三昧　人中最爲第一　是第一離欲
阿羅漢　世尊　我不作是念　我是離欲阿羅漢　世尊

我若作是念　我得阿羅漢道　世尊則不說須菩提是樂阿蘭那行者　以須菩提實無所行　而名須菩提是樂阿蘭那行。

【探義】

認清自有這個⊙如來一點的佛心眞相，是能包羅萬象的眞空，即是無相的實相。前分言佛法不可執，此分言佛果亦不可著相也。

須菩提　於意云何

佛曰：須菩提啊！你的意思如何？這個清淨圓明的⊙佛心，是一塵不染，一相不著的。

須陀洹能作是念　我得須陀洹果不

（須陀洹：是聲聞乘四果中的初果，譯華語為「入聖流」，即身在紅塵，心已超入聖流。）

佛對須菩提曰：眞修之人，心中能有超入聖流之念嗎？又能得超入聖流之果嗎？

須菩提言　不也　世尊

須菩提答佛曰：沒有啊！世尊。

何以故

爲什麼不可有入聖流之念，亦不可得聖流之果呢？

須陀洹名爲入流　而無所入

眞修之人，雖尚未得到眞空之妙處，但無著相，亦無妄想，使心一

塵不染者，名爲入聖人之初端，已經心合眞空而入清靜之門。

不入色聲香味觸法　是名須陀洹

所以自心不再進入六塵中而煩亂者，是名爲入聖流之初果。

須菩提　於意云何　斯陀含能作是念

（斯陀含＝是聲聞乘的第二果，華語譯為「一往來」。按欲界思惑，分為九品，須分七次來破，前六品由六返生死破之，最後三品再一返生死為一往來，斷此餘惑而破之，是為第二果）。

佛聽到須菩提答第一果之後，已默契心意，遂又再作一步之問說：須菩提啊！你的意思如何？最後再一返生死而斷全部之欲界餘惑，能得聲聞四果中「一往來」之念嗎？

我得斯陀含果不

我已經斷了欲界九品思惑，而得聲聞斯陀含的第二果嗎？

須菩提言　不也　世尊

須菩提答佛曰：不可有得第二果之念啊！世尊。

何以故

爲什麼不可有得斯陀含第二果之念呢？

斯陀含名一往來

斯陀含爲離欲界思惑，心已到至靜之地，所以名爲進第二果的「一往來」。

而實無往來　是名須陀含

所以實無有得往來之念，而達到聲聞第二果，因此名稱之爲斯陀含。

須菩提　於意云何　阿那含能作是念

（阿那含＝譯華語為「不來」。因阿那含是已經達至心空無我，已斷塵識思惑，內無欲心，外無欲境，脫離欲界而為「不來」。）

佛知須菩提明白第二果而後，又再問曰：須菩提啊！你的意思怎麼樣，雖然明白二果體，進而修三果的阿那含，斷盡九品思惑，離欲界之煩惱，而永不來欲界受生，但自心中還可存有不來欲界之念嗎？

我得阿那含果不

我有得此不來的第三果嗎？

須菩提言　不也　世尊

須菩提答佛曰：不可以有得第三果之念啊！世尊。

何以故

什麼緣故不可以得阿那含三果之念呢？

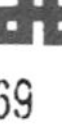

阿那含名爲不來

因爲阿那含即是斷了欲界塵識，心淨無妄之境界，所以名爲「不來」。

而實無不來　是故名阿那含

因此實無著不來之相，而達至清至淨而永不來受生，所以名爲阿那含果。

須菩提　於意云何　阿羅漢能作是念

（阿羅漢＝譯華語為「無生」（不生不滅）。心已證無為之體，而不生不滅，超出六道輪迴，成為阿羅漢道，應受人天供養，為無生的聲聞第四果）。

佛又了解須菩提明白第三果而後，又問曰：須菩提啊！你的意思如何，第三果是永不再來受生，進而你的心中有抱此阿羅漢第四果的不生不滅之念嗎？

我得阿羅漢道不

我有得此不生不滅之果嗎？

須菩提言　不也　世尊

須菩提答佛曰：不可有得第四果之念啊！世尊。

何以故

什麼緣故不可以有得阿羅漢四果之念呢？

實無有法　名阿羅漢

是因爲阿羅漢已經心空相滅，無得道之念，那裡還有得果之念，而是實在的明這個⊙沒有法可念，所以名爲不生不滅的阿羅漢道。

世尊　若阿羅漢作是念　我得阿羅漢道

世尊啊！若是自心中存有得無生的念頭，我已得了阿羅漢道，那就不是這個⊙生天生地生萬物的自然之道了。

即爲著我人衆生壽者

所以心有得之妄相未除，那就明顯地未達無生，即還有執四相之私了。

世尊　佛說我得無諍三昧

世尊啊！我佛曾經說過我一切法中，絕不動煩妄心，已得無諍（無競爭心）三昧，已達到最妙點⊙無相的實相而心安。

人中最爲第一　是第一離欲阿羅漢

在諸弟子中，佛稱我爲解空最爲第一，是第一個斷絕妄欲而清淨的離欲阿羅漢。

世尊　我不作是念　我是離欲阿羅漢

世尊啊！我心實無有得阿羅漢道之念，因爲我要離去心所思的阿羅漢道之相，而合於這個⊙不生不滅之體的。

世尊　我若作是念　我得阿羅漢道

世尊啊！若是我心中有得阿羅漢道之念，那我所得的是心中所妄思的阿羅漢道，也就不是這個⊙本淨自然的不生不滅之道了。

世尊則不說須菩提是樂阿蘭那行者

（阿蘭那行＝華語譯為「寂靜」。由此⊙寂靜之體，而常應常靜，即誠於中，形於外之自然之道。）

我佛世尊，就不會說須菩提我，是好於寂靜（阿蘭那）之實行者了。

以須菩提實無所行　而名須菩提是樂阿蘭那行

因爲須菩提我，是在這個⊙無心的本心妙無實相，自然感發而行的無爲法，所以我佛世尊稱我須菩提，是愛好寂靜之行者。

請參悟本分中之五句。

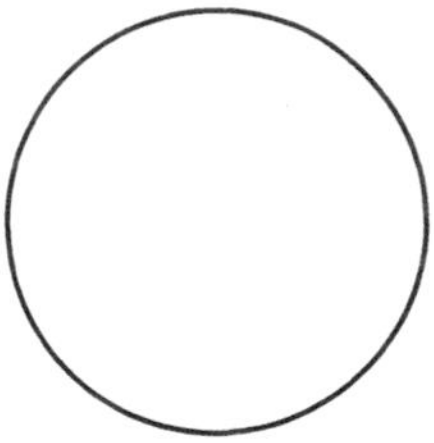

眞如　　實相

非生非滅　　非空非不空

1 無所入
自心歸納⊙如無之實相。

2 實無注來
心合實相⊙妙無而注來。

3 實無不來
實相無相⊙無來無不來。

4 實無有法
實相無法⊙無法能法法。

5 實無所行
實相無行⊙無所不行。

莊嚴淨土分第十

【經文】

佛告須菩提　於意云何　如來昔在然燈佛所　於法有所得不　不也　世尊　如來在然燈佛所　於法實無所得　須菩提　於意云何　菩薩莊嚴佛土不　不也　世尊　何以故　莊嚴佛土者　即非莊嚴　是名莊嚴　是故須菩提　諸菩薩摩訶薩　應如是生清淨心　不應住色生心　不應

住聲香味觸法生心　應無所住　而生其心　須菩提　譬如有人　身如須彌山王　於意云何　是身爲大不　須菩提言　甚大　世尊　何以故　佛說非身　是名大身。

【探義】

凡夫執廟寺大佛之壯觀爲莊嚴，賢人則守中土眞空之自佛爲莊嚴。因此就不知「守」有守相。「空」有空相，佛土本是我的故里，如來本是我的本來面目，所以聖人除去妄念，復非相的法身，以明這個⊙本然的法性，名之爲莊嚴。

佛告須菩提　於意云何

佛又恐須菩提，有得心法之念，所以佛又對須菩提曰：你的意思如何？

如來昔在然燈佛所　於法有所得不

如來我從前在然燈佛的所在，對於這個⊙法有所得否？

（然燈佛：釋迦如來授記之師）

不也　世尊

須菩提答佛曰：沒有什麼所得啊！世尊。

如來在然燈佛所　於法實無所得

如來佛從前在然燈佛之所，乃是授記這個⊙淨土之所在，使能自悟自有本明的法性。

所以對於這個⊙眞法的實相，是悟於無心而所復得，並不是在然燈

佛處於法有所得的。

須菩提　於意云何　菩薩莊嚴佛土不

佛又再對須菩提曰：須菩提啊！你的意思如何？修至菩薩的境界，還能有抱住莊嚴佛土之心嗎？

不也　世尊

須菩提答曰：菩薩不可有莊嚴佛土之心念啊！

何以故

是什麼緣故不可有莊嚴佛土之念呢？

莊嚴佛土者　即非莊嚴

眞正莊嚴佛土者，即非心執有佛，而顯善德之莊嚴，亦不是將有爲法，顯於人知之莊嚴。

是名莊嚴

是這個⊙佛性，道法自然的莊嚴，名爲莊嚴。

是這個⊙清淨佛性，般若通達之莊嚴，名爲莊嚴。

是這個⊙正氣參天，正心不偏之莊嚴，名爲莊嚴。

是這個⊙大公無私，純樸仁慈之莊嚴，名爲莊嚴。

是這個⊙至誠至眞，至善至美之莊嚴，名爲莊嚴。

是故無形無相之清淨佛土，不可執意求莊嚴，而是這個⊙自然所流露之無爲法，名爲莊嚴。

是故須菩提　諸菩薩摩訶薩　應如是生清淨心

佛聽須菩提回答圓通，而後遂又對須菩提說：須菩提啊！諸菩薩以及摩訶薩們，應當反求如是處，自誠其明這個⊙清淨心。

不應住色生心　不應住聲香味觸法生心

不應自心被慾牽，而住在色、聲、香、味、觸、法而生妄心，自心有一毫六塵之妄心，清淨圓明的這個⊙佛心即為蒙蔽也，就不能流露佛土之莊嚴眞理了。

應無所住　而生其心

所以自心，應該在妙無⊙的所在止住，而生出良知良能的菩提心。

須菩提　譬如有人　身如須彌山王

佛恐須菩提未悟法身能包括宇宙之大，所以譬如須彌山來啓示。佛說：須菩提啊！譬如這樣一個人，其人之身有如須彌山那樣的高大。

於意云何　是身爲大不

你的意思怎麼樣，這個身體可稱為大嗎？

須菩提言　甚大　世尊

須菩提答說：大固然是大啊！世尊！

何以故

但這並非最大之身，是什麼緣故呢？

佛說非身　是名大身

佛所說的，非是色身之大身，而是清淨的本心。清靜經曰：「人能常清靜，天地悉皆歸」。因此這個⊙如來清淨本心，原來是連同太虛而無所不包，所以叫做大身。

無爲福勝分第十一

【經文】

須菩提　如恆河中所有沙數　如是沙等恆河　於意云何　是諸恆河沙　寧爲多不　須菩提言　甚多　世尊　但諸恆河　尚多無數　何況其沙　須菩提　我今實言告汝　若有善男子　善女人　以七寶滿爾所恆河沙數　三千大千世界　以用布施　得福多不　須菩提言　甚多　世尊

佛告須菩提　若善男子　善女人　於此經中　乃至受持

四句偈等　爲他人說　而此福德　勝前福德。

【探義】

明此⊙清淨天性的無極眞理，顯於自然布施，無心的無爲福德，能勝過一切有爲的福德。

須菩提　如恆河中所有沙數

（恆河：印度之大河。源出喜馬拉雅山，全長二七〇〇公里，恆河之沙，細微如麵。）

佛曰：須菩提啊！如恆河中所有沙的數目。

如是沙等恆河

比喻一粒沙等於一恆河。

於意云何　是諸恆河沙　寧爲多不

你的意思怎麼樣？像這無數的恆河裡的沙，多不多呢？

須菩提言　甚多　世尊

須菩提答曰：那是太多了，世尊啊！

但諸恆河　尚多無數　何況其沙

一沙變爲一恆河，河尚無數多，何況所有河中之沙呢！

須菩提　我今實言告汝

佛又曰：須菩提啊！我今實在的告訴你。

若有善男子　善女人

假設有善男信女。

以七寶滿爾所恆河沙數

拿七寶來充滿在爾所稱無數恆河沙的數目。

（就是無邊的恆河沙數，都以七寶比。）

三千大千世界　以用布施　得福多不

用於三千大千世界作爲布施行善，所得福德多嗎？

須菩提言　甚多　世尊

須菩提答曰：很多啊！世尊。

佛告須菩提　若善男子　善女人

佛又告訴須菩提曰：若有善男信女。

於此經中

在這個⊙自身本有金剛般若眞經中。

乃至受持四句偈等　爲他人說

能達至一塵不染，清淨絕對，而受持這個⊙妙明眞空，並能爲他人說此眞空妙義。

而此福德　勝前福德

則此種福德，能使這個⊙永明常存而普照，所以勝過前所言的，以七寶布施在三千大千世界的福德了。

尊重正教分第十二

【經文】

復次 須菩提 隨說是經 乃至四句偈等 當知此處一切世間天人阿修羅 皆應供養如佛塔廟 何況有人盡能受持讀誦 須菩提 當知是人 成就最上第一希有之法 若是經典所在之處 則爲有佛 若尊重弟子。

【探義】

正教：教人自悟這個⊙清淨的自性，所發無心的眞理而用謂之正教。

時時至誠，而尊重這個⊙如來妙明無相的實相（自性無字經），感而自然所發的眞理來引導人，人亦能自悟這個⊙清淨如來本心，謂之尊重正教。

復次　須菩提　隨說是經

佛再更進一步的說：須菩提啊！在隨時、隨地、隨人都能解說這個⊙自身中的如是無字經。

乃至四句偈等

使能聽經之人，放下一切煩妄之念，達至佛說四句偈之身空、心空、性空、法空而心明神清。

當知此處

並且自己也深深的悟知自身中這個⊙核心之處，即是如來的佛心印，正法眼，可通天地萬物，能顯萬法與眞理的無心玄門而誠於中之時。

一切世間天人阿修羅　皆應供養如佛塔廟

就可感動一切天道的神與仙，人道的眾生，阿修羅等等，皆以花香頂禮，如同敬仰佛塔廟一般的來供養。

何況有人　盡能受持讀誦

況且明白此⊙眞經的人，定能誠一的信受持守清淨心，而無相無住，且回復本然這個⊙包羅萬象，通達萬物的眞經，從心所欲而不踰矩。

須菩提　當知是人

佛又曰：須菩提啊！你當要知道這種人。

成就最上第一希有之法

成功最上乘、第一等佛之境界的這個⊙希有無上菩提法。

若是經典所在之處　則爲有佛

若是悟得自身中的無字眞經，是在這個⊙中土心目中之所在處，即是佛在。

若尊重弟子

若能至誠的遵守、敬重這個⊙自佛，永遠不失不離，即是佛之弟子。

如法受持分第十三

【經文】

爾時　須菩提白佛言　世尊　當何名此經　我等云何奉持　佛告須菩提　是經名為金剛般若波羅蜜　以是名字　汝當奉持　所以者何　須菩提　佛說般若波羅蜜　即非般若波羅蜜　是名般若波羅蜜　須菩提　於意云何　如來有所說法不　須菩提白佛言　世尊　如來無所說　須

菩提 於意云何 三千大千世界 所有微塵 是爲多不
須菩提言 甚多 世尊 須菩提 諸微塵 如來說非微
塵 是名微塵 如來說世界 非世界 是名世界 須菩
提於意云何 可以三十二相見如來不 不也 世尊 不
可以三十二相得見如來 何以故 如來說三十二相 即
是非相 是名三十二相 須菩提 若有善男子 善女人
以恒河沙等身命布施 若復有人 於此經中 乃至受持
四句偈等 爲他人說 其福甚多。

【探義】

自心超越一切相對，使能在這個⊙絕對眞空的般若妙法之所，敬受保持。

爾時　須菩提白佛言

前分，佛講到最上乘，本然般若妙法的這個時候，須菩提聽了心明神清，感激之餘，對佛請示。

世尊　當何名此經

世尊啊！這樣⊙寶貴的經，應當用什麼名字來稱呼？

我等云何奉持

我們弟子要如何才能恭奉保守，而永久傳於後世？

佛告須菩提　是經名爲金剛般若波羅蜜

佛告訴須菩提，自身中的這個⊙經，取名爲金剛般若波羅蜜。

以是名字

乃是以這個⊙無相的本然法性，菩提妙心作爲他的名號。

汝當奉持

你們應當除去妄相，而復明自心，誠敬這個⊙眞經，而持受不離。

所以者何

佛又恐弟子們，著住名字相而成障，故佛又曰：我所以立這個名字是爲何緣故呢？

須菩提　佛說般若波羅蜜　即非般若波羅蜜

佛又曰：須菩提啊！我所說的「般若波羅蜜」是名稱作般若波羅密，而非自性中本有這個⊙無名無相的眞般若波羅蜜。

是名般若波羅蜜

是這個⊙本然自性中，妙明佛智慧的眞理，代名爲般若波羅密。（因恐怕人們生斷見而權立，名爲金剛般若波羅蜜。）

須菩提　於意云何

佛曰：須菩提啊！你的意思如何？對於不可執名相，來固蔽本然的般若自智之眞義明白了嗎？

如來有所說法不

我如來所說之法，還可以依所說之法爲法嗎？

須菩提白佛言

須菩提回答佛說：

世尊　如來無所說

世尊啊！如來是由此⊙妙無般若，自然所發之法來應人說教，應病施藥，而常應常靜，所以要受持自性如來眞如法者，不可執著見聞之法而說，亦不可執我所說之法而障。

須菩提　於意云何

佛聞須菩提已悟如來這個⊙如法之義，遂又問曰：須菩提啊！你的意思如何？

三千大千世界　所有微塵　是爲多不

三千大千的世界中，所有一切的細微塵埃，多不多呢？

須菩提言　甚多　世尊

須菩提回答說：甚多啊！世尊。

須菩提　諸微塵　如來說非微塵　是名微塵

佛日：須菩提啊！

大千世界的微塵雖多，究竟不是這個⊙轉動宇宙，主宰一切萬有實體之本；乃是世界與微塵，變現循環的枝末，名爲微塵。故如來說，不可執微塵爲實體。即是說，自性虛靈般若之體，常明寂照，不可執幻妄之塵埃來蒙蔽，因此佛日：須菩提啊！不可執三千大千世界的諸微塵之念。

如來說世界　非世界　是名世界

如來說世界雖大，然數盡則壞，不是這個⊙常存而主宰的實體，只不過現今之世界，權名之謂世界而已。有名即假，有相即妄，微塵雖小，不可污沾淨性，世界雖大，亦不可妄思障本，因此在塵離塵，在世離世，則能復明本體而觀照。

須菩提　於意云何

佛又再曰：須菩提啊！你的意思如何？

可以三十二相見如來不

可以拿人身上三十二種的善福相，來見到如來本性嗎？

◎三十二種相別：

①足安平相。　②千輻輪相。

③手指纖長相。　④手足柔軟相。

⑤手足縵網相。　⑥足跟滿足相。

⑦足趺高好相。
⑨手過膝相。
⑪身縱廣相。
⑬身毛上靡相。
⑮身光面各一丈相。
⑰七處平滿相。
⑲身如獅子相。
㉑肩平滿相。
㉓齒白齊密相。
㉕頰車如師相。
㉗廣長舌相。
㉙眼色如紺青相。
㉛眉間白毫相。

⑧瑞如鹿王相。
⑩馬陰藏相。
⑫毛孔生青色相。
⑭身金色相。
⑯皮膚細滑相。
⑱兩腋滿相。
⑳身端直相。
㉒四十齒相。
㉔齒牙白潔相。
㉖咽中津液得上味相。
㉘梵音深遠相。
㉚眼睫如牛王相。
㉜頂肉髻成相。

不也　世尊

須菩提答道：不可以啊！世尊。

不可以三十二相得見如來

不可以憑藉三十二種好相，來見如來本性啊！

何以故

爲什麼有此三十二種好相，還不能得見如來呢？

如來說三十二相　即是非相　是名三十二相

如來說的三十二相，即非這個⊙淨明法身，無相的實相，而是色身的好相，相在名在，相去名亦亡，終不能常在，故三十二相亦是假名而已。

須菩提　若有善男子　善女人

佛又說：須菩提啊！若有善男信女。

以恆河沙等身命布施

全恆河沙的沙數，每一沙來比一個身，以全恆河沙數的身命，來行於布施求福。

若復有人　於此經中　乃至受持四句偈等　爲他人說　其福甚多

若再有人，於此⊙如是經中，乃至受持四句偈的自然無相眞理，無思的妙慧，無心的至善等爲他人講說，而己達達人，奉行此經之福，還是比滿恆河沙數身命布施的福，更甚多矣。

離相寂滅分第十四

【經文】

爾時 須菩提 聞說是經 深解義趣 涕淚悲泣 而白佛言 希有世尊 佛說如是 甚深經典 我從昔來 所得慧眼 未曾得聞如是之經 世尊 若復有人 得聞是經 信心清靜 則生實相 當知是人 成就第一希有功德 世尊 是實相者 則是非相 是故如來說名實相

世尊　我今得聞如是經典　信解受持　不足爲難　若當
來世　後五百歲　其有眾生　得聞是經　信解受持　是
人則爲第一希有　何以故　此人無我相　無人相　無眾
生相　無壽者相　所以者何　我相即是非相　人相　眾生
相　壽者相　即是非相　何以故　離一切諸相　即名諸
佛　佛告須菩提　如是如是　若復有人　得聞是經　不
驚　不怖　不畏　當知是人　甚爲希有　何以故　須菩
提　如來說第一波羅蜜　即非第一波羅蜜　是名第一波

羅蜜　須菩提　忍辱波羅蜜　如來說　非忍辱波羅蜜
是名忍辱波羅蜜　何以故　須菩提　如我昔　爲歌利王
割截身體　我於爾時　無我相　無人相　無眾生相　無
壽者相　何以故　我於往昔節節支解時　若有我相　人
相　眾生相　壽者相　應生嗔恨　須菩提　又念過去於
五百世　作忍辱仙人　於爾所世　無我相　無人相　無
眾生相　無壽者相　是故須菩提　菩薩應離一切相　發
阿耨多羅三藐三菩提心　不應住色生心　不應住聲　香

味觸法生心　應生無所住心　若心有住　則爲非住
是故佛說菩薩心　不應住色布施　須菩提　菩薩爲利益
一切眾生故　應如是布施　如來說一切諸相　即是非相
又說一切眾生　即非眾生　須菩提　如來是眞語者　實
語者　如語者　不誑語者　不異語者　須菩提　如來所
得法　此法無實無虛　須菩提　若菩薩心住於法而行布
施　如人入暗　即無所見　若菩薩心不住法而行布施
如人有目　日光明照　見種種色　須菩提　當來之世

若有善男子　善女人　能於此經　受持讀誦　則為如來以佛智慧　悉知是人　悉見是人　皆得成就無量無邊功德。

【探義】

離相者，離開自心中所思的一切幻相，故「心思離開幻相之念，亦是相」。執空，有空相；執無，有無相；執靜，有靜相。因此要滅盡一切相，而復此⊙本淨妙明無相的佛性。

爾時　須菩提　聞說是經

這時，須菩提聽如來佛說這⊙金剛般若無相的眞經。

深解義趣　涕淚悲泣

深深的悟解這個⊙眞經，至靜而能動動，無法而能法法的至妙自然的眞理，不禁感覺爲恨已晚，而流下眼淚哭泣起來。

而白佛言　希有世尊

隨之便向如來佛讚嘆了一聲，實在難得，少有聽到的啊！世尊。

佛說如是　甚深經典

佛講說像這樣⊙很深奧的經中眞理。

我從昔來　所得慧眼

憑著我自從前修來的慧眼，雖然是一聞千悟，

未曾得聞如是之經

還是未曾聽到，像這樣⊙玄妙寶貴的經。

世尊　若復有人　得聞是經

世尊啊！假設若再有人得聞這個⊙如是之經，

信心清靜　則生實相

誠信無妄，清靜無欲，一塵不染，則復其自性中⊙的淨明實相，而流出般若妙法。

當知是人　成就第一希有功德

所以知道這個⊙如是之經的人，一定能成就和佛同等的第一希有功德。

世尊　是實相者　則是非相

須菩提有感而接著又說：世尊啊！是這個⊙自性虛無妙靈的本然法相，而不是由心所思的幻相之相。

是故如來說名實相

因此如來佛說，明白這個⊙本心虛靈自然而主宰的眞我，代稱爲實相。

世尊　我今得聞如是經典

世尊啊！我現在得聞這個⊙自性眞經裡面的眞理。

信解受持　不足爲難

心無所疑的了解敬受奉行，尙無難事。

若當來世　後五百歲

但是若至未來世之最後五百年時代（正法轉變成濁世末法的時候—即現今午未相交之時）。

其有衆生　得聞是經　信解受持

亦有眾生，得聞這個⊙如是眞經，誠信了解，敬受奉持。

是人則爲第一希有

則此人眞明了自性，就是世界第一等—少有難得的人。

何以故

爲什麼？希有難得之眞經能易得呢？

此人無我相　無人相　無衆生相　無壽者相

因爲此人根基深厚，能頓悟眞空，明白這個⊙自性淨明的本體，必無我、人、衆生、壽者四相了。

所以者何　我相即是非相

這是爲什麼？凡所有相，皆不能現本性的眞面目，因此有了我的私見、幻妄，則非眞相了。

人相　衆生相　壽者相　即是非相

若是有人相、衆生相、壽者相，即是自心所生的幻化之相，而不是眞身法相了。

何以故　離一切諸相　即名諸佛

這是什麼緣故呢？自心離一切幻妄塵埃的諸相，則復明本心，見自本性，即與諸佛同齊，就得名爲佛了。

佛告須菩提　如是如是

佛告訴須菩提，如你所說的這個⊙如來佛心，如而不生，來而不滅，如如不動，眞實不虛，即是絕對眞理的主宰者。

若復有人　得聞是經

假設後世，若再有人，得聞這個⊙般若妙法的自性眞經。

不驚　不怖　不畏

不驚而無疑心誠修。不怖而無懼心上進。不畏而無轉退心篤行。

當知是人　甚爲希有

你當知道這種人，甚爲少有的。

何以故

佛說爲何此種人少有呢？

須菩提　如來說第一波羅密

須菩提啊！我如來說的，是達到這個⊙第一等最上乘的般若波羅密啊！

即非第一波羅密　是名第一波羅密

因此佛所說的第一波羅密，非思而得，非學而明，非慮而知，非教而能的波羅密，乃是復其本有這個⊙淨性妙智的本源，即不思而得，不學而明，不慮而知，不教而能的無相般若波羅密，所以代名爲第一波羅密。

須菩提　忍辱波羅密

佛又說：須菩提，忍辱波羅密的眞正意義啊！

如來說　非忍辱波羅密　是名忍辱波羅密

如來佛說，不是由心勉強，而忍外來橫逆之辱就可以的，忍至極限，氣則暴發而出，因此，自心收歸在這個⊙眞空無相至靜之地，外不見其辱，內不見其忍，渾然兩忘，寂然不動，是達到這個⊙慈性不亂而無心，所以名爲忍辱波羅密。

何以故　須菩提　如我昔　爲歌利王割截身體

什麼原故，心要達到至靜不動呢？須菩提啊！我舉一個例子告訴你，佛—我前生修道時，被歌利王分割了身體。

我於爾時　無我相　無人相　無衆生相　無壽者相

在那被截割的時候，我心在這個⊙虛無眞空而安住，不起我、人的

對立相，也不生恨怒的眾生相，亦無求生懼死的壽者相。

何以故　我於往昔節節支解時

爲何緣故呢？我於過去前世，受到一節一節分支割解的時候。

若有我相　人相　衆生相　壽者相　應生嗔恨

若是有我、人、眾生、壽者四相者，則生起瞋、怒、怨、恨之心，而冤冤相報，也就不能超越我心，不忍而自忍於⊙處而超生。

須菩提　又念過去於五百世

須菩提啊！我現在又想起過去的前五百世。

作忍辱仙人　於爾所世

在這個前世，我曾修忍辱之行，作爲忍辱仙人。

無我相　無人相　無衆生相　無壽者相

我因沒有我、人、衆生、壽者四相之妄心，而能明心見性以成道的。

是故須菩提　菩薩應離一切相

因爲這個緣故，須菩提啊！凡修道的菩薩們，如欲成道，必當離開一切妄相而淨其心。

發阿耨多羅三藐三菩提心

才能生起無上正等正覺的菩提道心。

不應住色生心

所以不應著於形色而生妄心。

不應住聲　香　味　觸　法生心

亦不應著於聲、香、味、觸、法等塵相而生妄心。

應生無所住心

應當住在這個⊙妙無眞空之處，而生妙有之心。

若心有住　則爲非住

若是心中不空，有所執著形色，不離六塵妄相，則不是菩薩之⊙當住處。

是故佛說菩薩心　不應住色布施

因爲這個緣故，佛說菩薩應現無相慈愛的本心，不應住在形色的妄心來布施。

須菩提　菩薩爲利益一切衆生故　應如是布施

佛又曰，須菩提啊！菩薩是爲引導一切眾生，掃自妄心，復其本然的如來心而利己利人，是故菩薩應當用這個⊙心，來布施一切的眾生。

如來說一切諸相　即是非相

因此如來佛所說的一切，不可執於心而成妄，若是心有所妄塵，即不是這個⊙如來本然實相了。

又說一切衆生　即非衆生

佛又說，眾生者，自心有眾妄之生，故名爲眾生。若心無妄相、塵埃遮蔽，眾生即佛，故非眾生矣。

須菩提　如來是眞語者

須菩提啊！如來我，對以上所說的無心，能明本心，淨心，能見佛性的道理，是眞而不妄的。

實語者　如語者

實實在在而不是虛言虛語，亦是如其本來的本心言語。

不誑語者　不異語者

決不是顚倒欺騙人的言語，也不是邪說亂語的異端言語。

須菩提　如來所得法　此法無實無虛

須菩提啊！我如來所得到的法，是在我自身中這個⊙自然菩提法，即是自性無相的實法，亦是無心而能顯用的眞理。

須菩提　若菩薩心住於法而行布施　如人入暗　即無所見

須菩提啊！若是菩薩的心，著在有爲之法而行於布施，自性法眼則被法障蔽，譬如人入於暗室，即一無所見了。

若菩薩心不住法而行布施

若是菩薩心不執著一切的外法，自然的啓開自性的般若慧眼，洞徹諸法而行布施。

如人有目　日光明照　見種種色

就譬如人有眼睛的光明，又如太陽在天空照射的明亮，可以看種種形色。

須菩提　當來之世　若有善男子　善女人

佛又曰：須菩提啊！我如來滅後，到了末法的世上，若有善男信女，

能於此經　受持讀誦

能對於這個⊙自性般若妙法的眞經，誠而受持，默讀靜誦，

則爲如來　以佛智慧

則能復爲如來本然的佛智慧。

悉知是人　悉見是人

可以徹悟、明知這個⊙本心之人，可以徹底洞見這個⊙淨性之人。

皆得成就無量無邊功德

皆可得到完全的成功，並有不可限量；無有邊際的偉大功德。

持經功德分第十五

【經文】

須菩提　若有善男子　善女人　初日分　以恆河沙等身
布施　中日分　復以恆河沙等身布施　後日分　亦以恆
河沙等身布施　如是無量百千萬億劫　以身布施　若復
有人　聞此經典　信心不逆　其福勝彼　何況書寫受持
讀誦　為人解說　須菩提　以要言之　是經有不可思議
不可稱量　無邊功德　如來為發大乘者說　為發最上乘

者說　若有人能受持讀誦　廣爲人說　如來悉知是人
悉見是人　皆得成就不可量　不可稱　無有邊　不可思
議功德　如是人等　則爲荷擔如來　阿耨多羅三藐三菩
提　何以故　須菩提　若樂小法者　著我見　人見　眾
生見　壽者見　即於此經　不能聽受讀誦　爲人解說
須菩提　在在處處　若有此經　一切天人阿修羅　所應
供養　當知此處　則爲是塔　皆應恭敬　作禮圍遶　以
諸華香　而散其處。

【探義】

誠持奉行這個⊙金剛般若妙明的自性眞經，所得功德是不可思量，因爲這個⊙清淨本性，能包羅萬象無所不通，即是上帝賦與我的萬物之靈，萬法具備，萬法皆通的法性，故佛稱作爲此經。

須菩提　若有善男子　善女人

佛說：須菩提啊，若有善男信女，

初日分　以恆河沙等身布施

在早晨，以等於恆河沙數的身命去行布施。

中日分　復以恆河沙等身布施

又在午間，復以等於恆河沙數的身命去行布施。

後日分　亦以恆河沙等身布施

更在晚上，亦以等於恆河沙數的身命去行布施。

如是無量百千萬億劫　以身布施

照這樣每日無間斷，經過無量百千萬億劫之久，皆是一日三時的以身命去行布施。

若復有人　聞此經典

若是再有誠信的人，聽到這個⊙自性無字經裡頭的一本眞理。

信心不逆　其福勝彼

能信心不違背這個⊙天性的眞理而奉行，則其人所得之福德，即可

勝過前所說—由恆河沙數身命布施的福德了。

何況書寫受持讀誦　爲人解說

更何況以手書口講爲人引導，解開心結、放卻妄塵，使人人也能共覺自身中這個⊙如來自性的眞經。

須菩提　以要言之

須菩提啊！我今簡要的告訴你：

是經有不可思議　不可稱量　無邊功德

這部⊙經即是自性如來永不變而主宰的眞理，是總德的本體，萬法之源，如果誠能復明此經，則有不可思議、不可稱量、廣無邊際的眞功德。

如來爲發大乘者說　爲發最上乘者說

「見聞悟理，獨善其身謂小乘。悟法解義，明理渡人謂中乘。依法修行，普渡一切謂大乘。法、理具備，明體達用，離諸法相，謂最上乘。」佛言，此般若經，是爲啓發大乘人而說明此⊙眞功之妙。爲啓發最上乘人而說明此⊙般若之無爲法。

若有人能受持讀誦　廣爲人說

若是有人，能誠於中的默讀此⊙經而通明，靜誦此⊙經而達用，如是般若妙法，廣爲人說而己達達人。

如來悉知是人　悉見是人

以我如來的慧智，悉知這種人，悉見這種人。

皆得成就不可量　不可稱　無有邊　不可思議功德

皆得佛果，而成就不可稱量、無有邊際的不可思議功德。

如是人等　則為荷擔如來　阿耨多羅三藐三菩提

如此真誠一心，無為而行此⊙大德之人，就能負起發揮如來無上菩提正法之天命，代天行道，普化眾生。

何以故　須菩提

為什麼緣故，須菩提？

若樂小法者　著我見　人見　眾生見　壽者見

若是喜好小乘法之人，悟道淺薄，不免有我、人、眾生、壽者等私妄之見，而蒙蔽自性。

即於此經　不能聽受讀誦　為人解說

對於這個⊙自性般若經，就不能聽受、悟入、默讀、靜誦為他人講解。

須菩提　在在處處　若有此經

須菩提啊，不論什麼處所，皆不離無相，以誠守這個⊙如是眞經，並爲他人講解，能使聽者，心明悟解。

一切天人阿修羅　所應供養

則此時，這個☼靈明之光輝，就能普放而感召天龍八部、神人、阿修羅等俱來供養。

當知此處　則爲是塔　皆應恭敬

當都知道這個⊙地方，亦如同是一座舍利寶塔，皆應受供奉保護。

作禮圍遶　以諸華香　而散其處

使敬仰頂禮，合圍環遶於闡說般若妙法的道場，甚至寶花妙香散於持經之處。

能淨業障分第十六

【經文】

復次　須菩提　善男子　善女人　受持讀誦此經　若為人輕賤　是人先世罪業　應墮惡道　以今世人輕賤故　先世罪業　則為消滅　當得阿耨多羅三藐三菩提　須菩提　我念過去無量阿僧祇劫　於然燈佛前　得值八百四千萬億那由他諸佛　悉皆供養承事　無空過者　若復有

人　於後末世　能受持讀誦此經　所得功德　於我所供養諸佛功德　百分不及一　千萬億分　乃至算數譬喻所不能及　須菩提　若善男子　善女人　於後末世　有受持讀誦此經　所得功德　我若具說者　或有人聞　心即狂亂　狐疑不信　須菩提　當知是經義不可思議　果報亦不可思議。

【探義】

宿世業障，皆對立而生，被物所轉，輪迴相報；自心若能超

越相對，心納入此⊙經—自性眞空的絕對眞理，主宰一切，調和萬物而無相之德，則可除業障，復淨明之性而解脫。

復次　須菩提　善男子　善女人　受持讀誦此經　若爲人輕賤

佛又再曰：須菩提啊！若另有善男信女，亦能誠受持奉，默讀、靜誦這個⊙經，本應當爲人天恭敬，但是相反的，卻被人看輕、誹謗、欺凌、侮辱，這到底是何緣故？

是人先世罪業　應墮惡道

凡是持此⊙經而被人輕賤的人，定因前世有造罪業之故，應墮三惡道中，受其苦報。

以今世人輕賤故　先世罪業　則爲消滅　當得阿耨多羅三藐三菩提

但是因今世能得此⊙經，誠守而無相，故雖被人輕賤、侮辱之時，亦無生恨心對立，則前世罪業因而消滅，而證無上正等正覺之菩提了。

須菩提　我念過去無量阿僧祇劫　於然燈佛前　得值八百四千萬億那由他諸佛

須菩提！我想起過去的世世，經歷了無量數劫，在未訪到然燈佛以前時，曾逢遇過八百四千萬億無量數諸佛。

《註》⊙阿僧祇－華言：無央數。
⊙那由他－華言：一萬萬。

悉皆供養承事　無空過者

而每一個佛，我皆供養奉事，並沒有空過不尊，我歷事諸佛之多如此。

若復有人　於後末世

然而若再有人，在後來的末世時代，

能受持讀誦此經　所得功德

能得誠受、持奉、默讀、靜誦此⊙自性眞經，則其人所得之持經功德，

於我所供養諸佛功德　百分不及一　千萬億分　乃至算數譬喻所不能及

以我所供養諸佛之功德，雖百分亦不及持此⊙經功德之一，就是雖行百萬億分，達至不能以數目計算時，也是不能勝過持此⊙經功德之一分的。

須菩提　若善男子　善女人　於後末世

佛又曰：須菩提啊！若善男信女，於最後末世，爭名奪利、邪見熾盛的時代，

有受持讀誦此經

亦能誠受保持不離的奉行這個⊙無相眞經，

所得功德　我若具說者

所應得到的功德，我若詳細完備的說出來者；

或有人聞　心即狂亂　狐疑不信

或是有下根之人，聞此功德之大，心即驚奇而狂亂，疑惑不信，

須菩提　當知是經義不可思議　果報亦不可思議

佛又曰：須菩提，須要知這個⊙自性金剛般若眞經的大義，即是本明無相眞空妙性的道體，其大可包天地，能通宇宙而化育萬物，是不可思索議論的，因此果報亦是不可思議的。

究竟無我分第十七

【經文】

爾時　須菩提白佛言　世尊　善男子　善女人　發阿耨多羅三藐三菩提心　云何應住　云何降伏其心　佛告須菩提　善男子　善女人　發阿耨多羅三藐三菩提心者當生如是心　我應滅度一切眾生　滅度一切眾生已　而無有一眾生實滅度者　何以故　須菩提　若菩薩有我

相　人相　眾生相　壽者相　即非菩薩　所以者何　須
菩提　實無有法　發阿耨多羅三藐三菩提心者　須菩提
於意云何　如來於然燈佛所　有法得阿耨多羅三藐三菩
提不　不也　世尊　如我解佛所說義　佛於然燈佛所
無有法得阿耨多羅三藐三菩提　佛言　如是如是　須菩
提　實無有法　如來得阿耨多羅三藐三菩提　須菩提
若有法　如來得阿耨多羅三藐三菩提者　然燈佛即不與
我授記　汝於來世　當得作佛　號釋迦牟尼　以實無有

法　得阿耨多羅三藐三菩提　是故然燈佛與我授記　作
是言　汝於來世　當得作佛　號釋迦牟尼　何以故　如
來者　即諸法如義　若有人言　如來得阿耨多羅三藐三
菩提　須菩提　實無有法　佛得阿耨多羅三藐三菩提
須菩提　如來所得阿耨多羅三藐三菩提　於是中無實無
虛　是故如來說一切法　皆是佛法　須菩提　所言一切
法者　即非一切法　是故名一切法　須菩提　譬如人身
長大　須菩提言　世尊　如來說人身長大　即爲非大身

是名大身　須菩提　菩薩亦如是　若作是言　我當滅度無量眾生　則不名菩薩　何以故　須菩提　實無有法名爲菩薩　是故佛說一切法　無我　無人　無眾生　無壽者　須菩提　若菩薩作是言　我當莊嚴佛土　是不名菩薩　何以故　如來說莊嚴佛土者　即非莊嚴　是名莊嚴　須菩提　若菩薩通達無我法者　如來說名眞是菩薩。

【探義】

無我者，即無一切之心相，亦無如是住之心念，亦無降伏其心之妄，究竟使人空、法空而心淨，則能復本然靈明眞吾之⊙主宰。

爾時　須菩提白佛言　世尊

須菩提聞佛所說，無相眞理的偉大功德之後，又向佛說：世尊啊！

善男子　善女人　發阿耨多羅三藐三菩提心

善男信女，若發無上正等正覺的菩提心之時，

云何應住　云何降伏其心

應該如何住呢？若有心住則成妄，若無心住則成空，因此，要如何能伏自心而不執妄，又不頑空，使得其有所安住呢？

佛告須菩提

佛回答須菩提說：

善男子　善女人　發阿耨多羅三藐三菩提心者

善男信女，若發無上正等正覺的菩提心之時，

當生如是心

應當能復生如其本來的這個⊙眞吾正覺的菩提心，絕不可執法在有住之心，亦不可著無的頑空之心，若有我妄與執空之相，則不能顯如是⊙眞理正覺的菩提心了。

我應滅度一切衆生　滅度一切衆生已

因此，要自悟自度滅盡一切自心的妄相，但是若心有所滅度之念，亦是妄，所以內不見能度之我，外不見所度之人，而達究竟無我。

而無有一衆生　實滅度者

因而自心，實⊙不可有一點點我度之妄想存在，使心清淨，一念不生，自性天理自然而然的流露而行。

何以故　須菩提

爲此緣故，須菩提啊！我告訴你：

若菩薩有我相　人相　衆生相　壽者相　即非菩薩

若是菩薩有我能度衆生之念，即是我相。有衆生能得被我度之心，即是人相。爲求心空而有得法之念，即是衆生相。思有道可成、果可證，即是壽者相。若有此四相者，即非菩薩了。

所以者何

爲何心不可思、不可念呢？

須菩提　實無有法　發阿耨多羅三藐三菩提心者

須菩提啊！

①實在的說，不能以有思有爲之法來發無上正等正覺的菩提心

啊！

②實無有法＝「實相無相的⊙法性」，時時自誠而靜，即可生發正等正覺的菩提心。

須菩提　於意云何

佛又曰：須菩提啊！你的意思怎麼樣。

如來於然燈佛所　有法得阿耨多羅三藐三菩提不

如來我昔於然燈佛所，成就如來之道，當時，有法得無上的菩提嗎？

不也　世尊

須菩提答說：沒有法得此菩提啊！世尊。

如我解佛所說義

如果照我來解佛所說的意思，

佛於然燈佛所　無有法得阿耨多羅三藐三菩提

我師父如來於然燈佛的所在，受然燈佛指點自身上有這個⊙妙無能生妙有的菩提法性，可自悟自養而復明，並沒有另外之法可得無上菩提啊！

佛言　如是如是

佛曰：你說的對。你說的是這個⊙法性眞經，是我所固有的，然燈佛只是指點我這個⊙所在，而使我自悟自明。

須菩提　實無有法　如來得阿耨多羅三藐三菩提

須菩提啊！如來—我實在沒有另外之法得此菩提啊！

須菩提　若有法　如來得阿耨多羅三藐三菩提者

佛又曰：須菩提啊！

如來—我若執有法可傳受，得有爲法當作是菩提法者，

然燈佛即不與我授記

則當時我師然燈佛，即不與我以心印心，授之一⊙記—如來根本之所在。

汝於來世　當得作佛　號釋迦牟尼

你在將來的世上，應當得位，作佛如來，名號稱釋迦牟尼。

以實無有法　得阿耨多羅三藐三菩提

無相的⊙實相如來菩提，本在我身，非由外得，是要自悟自養，一塵不染而復明，名爲得此菩提，實無有法可得也。

是故然燈佛與我授記

實在是因爲沒有法可得菩提，所以然燈佛，才與我指授這個⊙菩提根本之所在處，使我自性自悟。

作是言　汝於來世　當得作佛　號釋迦牟尼

然燈佛並預定我能復如來之菩提而明心見性，故說：汝於未來之世上，當得作佛，名號稱釋迦牟尼。

何以故　如來者　即諸法如義

爲什麼緣故呢？你要知道，這個「⊙如來」者，是一切諸佛如其本來之法體；諸佛的實相，亦即各人本來清淨的性體。雖清淨無一物，四時放光明，亦是菩提心之本來面目，依此而省覺，頓除妄念，悟無⊙所得之時，自性如來即現前，也就不會迷著有法可得菩提之邪見了。

若有人言　如來得阿耨多羅三藐三菩提

若是有人說，如來得無上的菩提，則此人，即不明如來本來就是菩提的本體了。

須菩提　實無有法　佛得阿耨多羅三藐三菩提

因此須菩提啊！如來這個⊙實相，若無執幻妄之心昧蔽著，則自然的現出菩提本覺之法體，故佛實無他法可得菩提的啊！

須菩提　如來所得阿耨多羅三藐三菩提　於是中無實無虛

須菩提啊！如來所得無上正等正覺的菩提，即是這個⊙致中虛明的實相，本來清淨絕對，萬德具備，萬法皆通的致和之體，因此，非是虛無，亦非是實有。

是故如來說一切法　皆是佛法

因此由這個⊙清淨如來之體，無心所動而說的一切法，皆都是佛法。

須菩提　所言一切法者　即非一切法

佛又曰：須菩提啊！用口所說教人修道的種種一切法，即不是這個⊙如來本智自然的佛法。

是故名一切法

故佛爲眾生引迷入悟，復明這個⊙如來之體之種種方法，名爲一切法。

須菩提　譬如人身長大

佛將前段的這個⊙眞佛法，與執我所言之教法說分明後，又舉例問須菩提說：須菩提啊！譬如人的身體，每天能漸漸長大之本末道理，你是否明白？

須菩提言　世尊　如來說人身長大　即爲非大身

須菩提回答說：世尊啊！如來佛你所說的色身能長大，亦即不是色身自能自長而大的，而是色身中有這個⊙眞性之大人使色身能長大，所以人身之長大，並非自長自大的。

是名大身

是因爲有這個⊙本然眞靈法性之本體，使人身枝末之體能長大，所以名稱爲大身。是故，不可只有執在枝末色身之我爲眞，當要明身中之法性爲主。

須菩提　菩薩亦如是

佛又說：須菩提啊！菩薩亦如同人身長大的道理一樣，人身中有此⊙清淨如來法性，時時借用人身現無爲法，使來化度眾生的。

若作是言　我當滅度無量衆生　則不名菩薩

如此說來，我應當遵從這個⊙清淨法性，來度無量的眾生，亦不可執菩薩之名相了。

何以故　須菩提　實無有法　名爲菩薩

這是爲何故呢？須菩提！實在是這個⊙自性分內之事的自然無爲法，只要自心清淨、無我而誠守這個⊙而奉行，名爲菩薩。

是故佛說一切法　無我　無人　無衆生　無壽者

因此，佛由這個⊙清淨本心所發而說，教人掃心去相，明心見性的一切法，是絕無我、人、眾生、壽者的四妄相了。

須菩提　若菩薩作是言　我當莊嚴佛土　是不名菩薩

佛又曰：須菩提啊！若是菩薩說，明白了這個⊙正法眞理之所而後，我應當要莊嚴愼守這個⊙佛土，假使有莊嚴執守之我相者，即不能稱爲菩薩了。

何以故　如來說莊嚴佛土者　即非莊嚴　是名莊嚴

這是什麼緣故呢？因爲如來佛所說的莊嚴佛土者，即不是執守莊嚴之我相，來遮蔽這個⊙本然之眞莊嚴，是要掃心去妄、一塵不染，復其這個⊙至淨本明所顯之絕對眞理，名爲莊嚴。

須菩提　若菩薩通達無我法者　如來說名眞是菩薩

佛曰：須菩提啊！若是菩薩，眞能回光返照萬緣放下，一相不著、一妄不生，即能通達這個⊙無我的法性而能奉行者，如來佛說，方得稱爲眞菩薩了。

一體同觀分第十八

【經文】

須菩提　於意云何　如來有肉眼不　如是世尊　如來有肉眼　須菩提　於意云何　如來有天眼不　如是世尊　如來有天眼　須菩提　於意云何　如來有慧眼不　如是世尊　如來有慧眼　須菩提　於意云何　如來有法眼不　如是世尊　如來有法眼　須菩提　於意云何　如來有佛

眼不　如是世尊　如來有佛眼　須菩提　於意云何　如恆河沙中所有沙　佛說是沙不　如是世尊　如來說是沙　須菩提　於意云何　如一恆河中所有沙　有如是沙等恆河　是諸恆河所有沙數佛世界　如是寧爲多不　甚多世尊　佛告須菩提　爾所國土中　所有眾生　若干種心如來悉知　何以故　如來說諸心　皆爲非心　是名爲心所以者何　須菩提　過去心不可得　現在心不可得　未來心不可得。

【探義】

天地人本是同根相連，宇宙萬物皆是同體相通，眾生與佛的本性是一體三無差別，因眾生隨業著妄，遮蔽如來本心，遷流不息，佛明如來本心，識眾生為同體，因同體而起大悲發大慈，同觀而度化。

須菩提　於意云何

因前分佛言，無我法非是無法，是無執我法之妄，即能生般若妙智，此意不容易徹悟，故佛繼而再示曰：須菩提啊！你的意思怎麼樣。

如來有肉眼不

如來有肉眼嗎？（如來有化身觀見之肉眼）

如是世尊　如來有肉眼

須菩提答曰：如是這個⊙世尊如來在一切眾生身中有肉眼。

須菩提　於意云何

須菩提，你的意思明白否？

如來有天眼不

如來有天眼嗎？

（天眼＝慧性普照大千世界，明色身中有法身，見一切眾生皆有佛性。）

如是世尊　如來有天眼

須菩提答曰：如是這個⊙世尊如來在一切眾生身中有天眼。

須菩提　於意云何

須菩提，你的意思明白否？

如來有慧眼不

如來有慧眼嗎？

（慧眼＝凡見自性般若，照見真空無相之理，內外明徹之智慧）

如是世尊　如來有慧眼

須菩提答曰：如是這個⊙世尊如來在一切眾生身中有慧眼。

須菩提　於意云何

須菩提，你的意思明白否？

如來有法眼不

如來有法眼嗎？

（法眼＝見真空法身，萬法具備，皆能通達）

如是世尊　如來有法眼

須菩提答曰：如是這個⊙世尊如來，在一切眾生身中有法眼。

須菩提　於意云何

須菩提，你的意思明白否？

如來有佛眼不

如來有佛眼嗎？

（佛眼＝發大光明的慧光，能生三世一切法，下能普照九幽、上通三十三天，毫無障礙。）

如是世尊　如來有佛眼

須菩提答曰：如是這個⊙世尊如來，在一切眾生身中有佛眼。

須菩提　於意云何

須菩提，你的意思明白否？凡有如來性者，皆具有此五眼在眾生的本體上，本不異於佛。

如恆河沙中所有沙　佛說是沙不

如恆河裡頭的沙，佛祖是不是也叫他沙呢？

如是世尊　如來說是沙

須菩提答曰：如是這個⊙如來佛，以及一切眾生亦是同樣的叫他是沙。

須菩提　於意云何

須菩提，你的意思明白否？佛與眾生皆同此心、心同此理。

如一恆河中所有沙　有如是沙等恆河

如一恆河中之所有沙數，將每一粒沙復比作一恆河。

是諸恆河所有沙數佛世界

照這樣無數的恆河，每條恆河中之所有沙數，將每一粒沙比作一佛世界。

如是寧爲多不

如是這個⊙無數的佛世界，你以爲多不多呢？

甚多　世尊

須菩提答曰：很多很多啊！世尊。

【附言】

上帝可比一大恆河，上帝之體（即這個⊙大道體）包含宇宙間一切千千萬萬之星球，即可比恆河沙，沙等恆河。在每星球中的眾生，可比諸恆河中的一切沙，所有一切眾生身中皆有如是這個⊙佛世界，所以宇宙中一切的眾生與佛性皆在上帝之體裡，亦即可比一切的沙皆在大恆河裡中一體而同。

佛告須菩提　爾所國土中

佛又對須菩提說，不必遠說等於恆河沙的世界，就是近在你的自身國土中。

所有眾生　若干種心　如來悉知

如來悉知所有一切的眾生，本來是這個⊙清淨同體的一心性，因隨

欲而遷，逐境顛倒，各各心生種種不一的若干妄心，而隨六道、遷流不息。我如來都知道的。

何以故　如來說諸心

這是什麼緣故呢？如來我所說眾生的種種諸心，皆是遮蔽這個⊙菩提本明之妄相。

皆爲非心

皆非爲這個⊙清淨同體的如來，能顯五眼而通萬法的本心。

是名爲心

是故爲復⊙此無名、無心的如來本心爲心。

所以者何

所以要如何修，即能回復如來的清淨與佛同體的本心呢？

須菩提　過去心不可得

佛又曰：須菩提啊！過去之事，當如鏡照物，事過無存，不可有留滯在心，而塞蔽智慧。

現在心不可得

現在之事，當事來則應，事去則化，不可有抱守之心，而昧蔽本明。

未來心不可得

未來之妄念、幻想、夢思，不可有此預期心，而障礙法身。如此三心不可得，四相盡除時，則良知煥發，復此清淨、五眼通達的三無差別，這個⊙如來般若本心而一體同觀。

法界通化分第十九

【經文】

須菩提　於意云何　若有人滿三千大千世界七寶　以用布施　是人以是因緣　得福多不　如是　世尊　此人以是因緣　得福甚多　須菩提　若福德有實　如來不說得福德多　以福德無故　如來說得福德多。

【探義】

前分所說三心不可得之理，又恐誤為頑空的無心，那麼就不

知無心而能動動，無法而能法法的無爲自然的眞理，所以要知道無爲之法性，能通⊙一法界之本而無所不爲，若能爲而不執所爲之妄，自心清淨、一塵不染之時，則能明了眞空實際通達無礙，即是復這個⊙眞福德之無體之實體了。

須菩提　於意云何

須菩提啊！你的意思怎麼樣，這個⊙無心的本心明白否？

若有人滿三千大千世界七寶　以用布施

若是有人用滿三千大千世界的七寶來行施。

是人以是因緣　得福多不

此人以可得之心爲因，行於布施求福德爲緣，其所得福德，多不多呢？

如是　世尊　此人以是因緣　得福甚多

須菩提答曰：是的！世尊。此人以執因緣，求報之心、所得之有爲福德是很多的。

須菩提　若福德有實　如來不說得福德多

須菩提啊！若以有爲之心，求有相之福德爲實，而行於布施，則心有著福之念，其有爲福德之報亦有限的，所以如來之我，不說福德多。

以福德無故　如來說得福德多

如來之我所說的福德，是回復我這個⊙妙無眞空，萬物的資始，亦即是福德之本源之體。若能心合此⊙體之清淨自然而無住相，無求福之心，行於布施之福德是無邊無量的，所以如來之我說得福德多。

離色離相分第二十

【經　文】

須菩提 於意云何 佛可以具足色身見不 不也 世尊 如來不應以具足色身見 何以故 如來說具足色身 即非具足色身 是名具足色身 須菩提 於意云何 如來可以具足諸相見不 不也 世尊 如來不應以具足諸相見 何以故 如來說諸相具足 即非具足 是名諸相具足。

【探義】

如來這個⊙無相佛心之主宰，不離色身而顯用，體用一貫，誠乎中形乎外，因此不執色身、不執法相之妄見來障蔽自佛本心。亦不可離色離相、執空斷滅而不能顯法之用，爲此緣故，感而以相而離相，以色而離色，不執不斷，明空而不空，不空而空，即能眞了解離色離相之妙理。

須菩提　於意云何

佛曰：須菩提啊！你的意思怎麼樣？

佛可以具足色身見不

佛可以執三十二種具足圓滿無缺的大人善相之色身見嗎？

不也　世尊　如來不應以具足色身見

須菩提答曰：世尊啊！是不可以執具足圓滿之色身相，來見如來眞性的。

何以故

爲什麼緣故不可以具足色身見呢？

如來說具足色身　即非具足色身

我師父如來所說的具足色身，本是依此⊙眞性、淨行修來而應現在身上，成具足圓滿之三十二相，所以色身之具足相，並非實相的具足。

是名具足色身

是這個⊙無形無相、至善完美之體，應現色身具足相，故云：色身具足非真具足，只是權名為具足色身而已。

須菩提　於意云何

佛又曰：須菩提啊！你的意思怎麼樣？

如來可以具足諸相見不

自性如來，可以執具足神通變化的諸相見嗎？

不也　世尊　如來不應以具足諸相見

須菩提答曰：世尊啊！是不可以執具足神通變化的諸相，來見如來真性的。

何以故

爲什麼緣故不可以具足神通變化的諸相見呢？

如來說諸相具足　即非具足

我師父如來所說的，色身諸相具足神通變化，本是這個⊙如來法身使色身變現諸法相，所以色身諸相具足，即非根本實相的具足。

是名諸相具足

是這個⊙萬法具備、萬法皆通的自性如來法身，借用色身變現具足諸法相，所以色身具足諸相，並非自性本來之眞具足，是權名爲諸相具足而已。

※因此不可以執具足色身之相、見如來。

※亦不可執具足諸相之妄、見如來。

非說所說分第二十一

【經文】

須菩提　汝勿謂如來作是念　我當有所說法　莫作是念

何以故　若人言如來有所說法　即爲謗佛　不能解我所

說故　須菩提　說法者　無法可說　是名說法　爾時

慧命須菩提白佛言　世尊　頗有眾生　於未來世　聞說

是法　生信心不　佛言　須菩提　彼非眾生　非不眾生

何以故　須菩提　眾生眾生者　如來說非眾生　是名眾生。

【探義】

非說者：如來這個⊙清淨、萬有眞理之體，本無有法可說。

所說者：如來這個⊙至靜、一切萬有之理，感而因人所須，自然所發而說。

※所以不可執如來之言說的枝末之妄。當要悟自性如來無思無說的根本之眞。

※知者不言，言者不知。道本無言，口言是教。

若悟無說之說，不落「有」、「無」二邊，即眞入般若境矣。

須菩提　汝勿謂如來作是念

須菩提啊！你切莫執謂如來有作爲而說法之念。

我當有所說法　莫作是念

你千萬不可有法可說—以思慮所發而爲眾生說法的念頭。

何以故

這是什麼緣故呢？

若人言如來有所說法　即爲謗佛

若有人說，如來有法說於人，乃是淺見寡識，只知聞見之法。而不知眞佛無形，眞性無體，眞法無相的眞實相了。無相的實相，譬喻無灰塵的明鏡，可照一切萬物而清明無心，因此若認佛有所說法，此種人便與誹謗佛者無異了。

不能解我所說故

此實因其人尚未理解我所說這個⊙法之實義故也。

須菩提　說法者　無法可說

須菩提啊！說法者，是爲教化眾生自悟自覺，明這個⊙無法可說的萬法之本而說。

是名說法

因此說法，是使眾生悟覺⊙法性的方法，所以權名曰說法。

爾時

在這時，佛說到說法非法，非法非說，非說所說的時候。

慧命須菩提白佛言

慧德清高的長老—須菩提，有感於內，故對佛請曰：

世尊　頗有衆生　於未來世

世尊啊！有很多眾生，在未來的世界上。（未來世＝未會頭的時代）

聞說是法　生信心不

聽到這個⊙不變、絕對的法性，能生信心嗎？

佛言　須菩提

佛答須菩提說：

彼非衆生　非不衆生

你不可有佛與眾生之兩邊心來觀眾生啊！他非是眾生，亦非不是眾生。

何以故

這是什麼緣故你知道嗎？

須菩提　衆生衆生者

須菩提啊！眾生、眾生的意思，是眾生之心，有眾念生於心，故稱爲眾生；但是眾生中有佛性存在，故非眾生。

如來說非衆生

所以用如來慧眼觀看個個眾生中，皆有一份這個⊙佛性，所以說非眾生。

是名衆生

是因爲自心中有生妄塵之念，遮蔽這個⊙本然佛性，所以權稱爲衆生。

若是一切的衆生能放下妄心，個個皆能見性爲佛。

無法可得分第二十二

【經文】

須菩提白佛言　世尊　佛得阿耨多羅三藐三菩提　爲無所得耶　佛言　如是如是　須菩提　我於阿耨多羅三藐三菩提　乃至無有少法可得　是名阿耨多羅三藐三菩提。

【探義】

佛偈曰：法本法無法　無法法亦法
今傳無法時　法法何曾法

意思是說：自性本有之法，是無心的自然法，若心中執有無心，則法亦非眞法；我今指示你，無法的眞法體之時，感於物、心淨而發者，即妙無實法。

六祖曰：自佛是眞佛　自法是眞法
心地皆清淨　所發是佛法

因此法者，本是清淨自性中「⊙」良知本然之法，原來自有，本自無失，從何有得。故所謂訪師問道求法者，並非另有所求，實際只是用方法使我復明良知，還我本來清淨之法而已矣，所以不可以方法之法，爲可得之法。

須菩提白佛言

須菩提聞佛所說，此⊙佛性本是無法的萬法之本，一切眾生中皆有此⊙佛性，所以佛說眾生非眾生之時，須菩提之心中還是略有細惑，因此又對佛表白自心而問說：

世尊　佛得阿耨多羅三藐三菩提

世尊啊！我師父所得，無上正等正覺的菩提成佛之法。

為無所得耶

可以說是沒有得嘍？是不是由此⊙妙無之所在，得悟復明的呢？

佛言　如是如是

佛答須菩提說：就是如此這個⊙所在之處，悟其復明的。

須菩提　我於阿耨多羅三藐三菩提

須菩提啊！我對於無上正等正覺的菩提法中。

乃至無有少法可得

本來就是無得，而且連絲毫少法亦無所得，因有得即有失，凡是可以得失言者，皆是身外之物，即非人人具足的自性菩提。

是名阿耨多羅三藐三菩提

所以能悟明這個⊙自性菩提，即名爲無上正等正覺。

淨心行善分第二十三

【經文】

復次　須菩提　是法平等　無有高下　是名阿耨多羅三藐三菩提　以無我無人無眾生無壽者　修一切善法　即得阿耨多羅三藐三菩提　須菩提　所言善法者　如來說即非善法　是名善法。

【探義】

老子曰：「天下皆知善之爲善，斯不善矣。」即是說，天下之人都知行善事就是好，但心抱著善念之有爲有求之心行善者，是凡夫之小善，並不是這個⊙天良淨心自然無爲眞誠所發的至善了。所以須臾不離，存著天眞淨潔無妄的天性之⊙心所流露之善，即是眞正的菩提。

復次　須菩提

佛前段說，自性菩提正覺之心法是在自身，無另有少法可得，之後，佛又再對須菩提說：

是法平等　無有高下

我所說無上正等正覺的菩提法，即是天性自然的法則，此⊙天賦理

性，人人本有，聖非有餘；凡非不足，故同體平等，因此佛與眾生，本來無有高下之差別。

是名阿耨多羅三藐三菩提

因此這個⊙淨性，萬理與萬法具備的正法，是名爲無上菩提。

以無我無人無衆生無壽者

人人既有清淨圓明的無上菩提，那麼心就不可執我、人、眾生、壽者的四妄相，來遮蔽這個⊙淨明妙法之性體了。

修一切善法　即得阿耨多羅三藐三菩提

所以人人能掃除四相，克盡一切妄念，修復本心，見自本性之時，即是復得這個⊙一切善法之無上菩提了。

須菩提　所言善法者　如來說即非善法

佛又說：須菩提啊！

所言的一切善法者，乃是教化人修道悟道之好方法，而不是如來我所說這個⊙淨性至善的本然法。

是名善法

故這個⊙無善無惡之淨性，所流露自然的眞理，名爲善法。

福智無比分第二十四

【經 文】

須菩提　若三千大千世界中　所有諸須彌山王　如是等七寶聚　有人持用布施　若人以此般若波羅蜜經　乃至四句偈等　受持讀誦　爲他人說　於前福德　百分不及一　百千萬億分　乃至算數　譬喻所不能及。

【探義】

福智，有分天道人道之二種。人道之智，明一切世間善法，行於有爲執善之布施的福報，此福是有爲有限之福，福盡則墮。

天道之智，是自性良知本然之妙智，此性智是不學而明、不慮而知、清淨圓明，無所不照、無所不通之原「知⊙」。只要能離一切相、破一切障、除一切妄，復此⊙清淨自性明德之本智，行於無爲自然的布施，使人人亦能自悟自明性智，所復得之清淨福與無漏智，是通天而無盡無限的。

須菩提　若三千大千世界中　所有諸須彌山王

佛繼前分之意，又對須菩提說：須菩提啊！須彌山可謂一世界中的眾山之王，若是三千大千一切的世界中，所有之諸須彌山。

如是等七寶聚　有人持用布施

一切之須彌山，統皆聚集一齊；如有人以七寶堆集起來，像這些諸須彌山之多，以來行布施，其福雖然多。

若人以此般若波羅蜜經　乃至四句偈等

設若有人，能受持這個⊙般若波羅蜜經，乃達至佛所說四句偈的眞義，而清淨無一念。

受持讀誦　爲他人說

時時明白這個⊙自性般若眞經，並爲人解說。

於前福德　百分不及一

則前以七寶布施，所得之福德，便不及持此⊙經爲他人說之功德爲

大，前雖行百分，亦不及持此⊙經功德之一。

百千萬億分　乃至算數　譬喻所不能及

雖然行至百千萬億分，乃是有限還可算數目的，譬喻之廣，亦不及持此⊙經的無限功德了。

化無所化分第二十五

【經 文】

須菩提　於意云何　汝等勿謂如來作是念　我當度眾生　須菩提　莫作是念　何以故　實無有眾生如來度者　若有眾生如來度者　如來即有我人眾生壽者　須菩提　如來說有我者　則非有我　而凡夫之人　以爲有我　須菩提　凡夫者　如來說　即非凡夫　是名凡夫。

【探義】

天下人的本性，本是同親連體，故稱爲四海之內皆兄弟，佛是爲一體同觀，一視同仁，皆有平等心，因此菩薩化度眾生是發自本心之慈愛，是天性自然的職責而化，並不執有化度之妄相，而蒙蔽如來本心，迷了自性，故曰「雖化而無有我所化」。

須菩提　於意云何

佛在上章說，以般若妙法爲他人說「福智無比」之功以後，又恐有化眾生得功之妄念，所以佛又對須菩提說：須菩提啊！你的意思怎麼樣？

汝等勿謂如來作是念　我當度眾生

如來我度人，只是指引衆生悟脫之方法，本來衆生的自性是自悟自度的，汝等切勿謂執自身如來之我，有化度衆生之念。

須菩提　莫作是念

須菩提啊！你不可有這樣的意念。

何以故

爲什麼緣故，不可以這樣想呢？

實無有衆生如來度者

自身中這個⊙圓明如來無相的實相，是不可爲存有化度衆生之念妄所蒙蔽的。

若有衆生如來度者

若我心有執眾生是如來我所度者，

如來即有我人衆生壽者

如來我則執著我、人、眾生、壽者的四妄相，那麼就有高下的分別，即非是平等同體的眞如來了。

須菩提　如來說有我者　則非有我

佛又曰：須菩提啊！如來所說的有我者，即是這個⊙無形無相、大公無私的眞我，而不是有形有相的色身之我。

而凡夫之人　以爲有我

因而凡夫之人，心執妄塵，不明有如來眞我，只執色身之我。

須菩提　凡夫者　如來說　即非凡夫

佛又曰：須菩提啊！凡夫的身中亦有如來同體的天性存在，所以如來說，即非凡夫。

是名凡夫

凡是悟則爲佛，迷則凡夫，因尚未除盡妄相，還未見如來自佛時，故名之爲凡夫。

法身非相分第二十六

【經文】

須菩提　於意云何　可以三十二相觀如來不　須菩提言　如是如是　以三十二相觀如來　佛言　須菩提　若以三十二相觀如來者　轉輪聖王即是如來　須菩提白佛言　世尊　如我解佛所說義　不應以三十二相觀如來　爾時世尊而說偈言　若以色見我　以音聲求我　是人行邪道　不能見如來。

【探 義】

自性如來的法身，無形無象、無聲無臭，乃是眞空妙有，周遍法界，無所不通，是我如來本然的法體，所以不可以執色身之相而見，亦不可以執心思之相而觀，若能不執聲色，自心完全清淨不動，而復此⊙無心的本心之時，即是非相的萬法之本，非法的萬法之源，亦即始明如來之眞法相了。

須菩提　於意云何

在上分如來對「有我者，即非有我」之旨已經指明，故此分，佛又以相觀如來之題，試問須菩提是否明白無相之眞義，所以佛問之曰：須菩提啊！你的意思怎麼樣。

可以三十二相觀如來不

修好三十二種善相福慧的人，可以使心反觀如來嗎？

須菩提言　如是如是　以三十二相觀如來

須菩提以爲凡修好三十二種好相的福慧之人，自心一定可以觀如來法身，所以須菩提回答佛說：是啊是啊！可以三十二相觀如來的。

佛言　須菩提

佛聞是言，知須菩提尚未了解眞意，佛又對須菩提說：須菩提啊！

若以三十二相觀如來者　轉輪聖王即是如來

若是修好了三十二種的福相，則能反觀如來者，那麼具有三十二相的轉輪聖王，豈不都能善觀如來而都成爲如來佛了嗎？

（轉輪聖王＝即四大天王，管四大部洲善惡，正、五、九月照南方。二、六、十月照西方。三、七、十一月照北方。四、八、十二月照東方。如輪而轉，他的福業大，所以成有

三十二種福善相在色身。）

須菩提白佛言

須菩提聞此，如恍然開悟，方知有相即妄之理，乃對佛說：

世尊　如我解佛所說義　不應以三十二相觀如來

世尊啊！我已了解佛所說的道理，是不應以三十二種福相觀如來的。

爾時

這個時候，佛見須菩提已領悟離相之理。

世尊而說偈言

世尊如來佛就說出離相之偈句以爲垂誡。

若以色見我　以音聲求我　是人行邪道　不能見如來

我如來法身本來無相，妙靈眞空，量同虛空，設若以色相欲見我如來法身，或以音聲欲求我如來法性而固執，不離色相音聲之人，便是捨棄正道而入邪道，是絕不能見到如來自性的本來面目了。是故，這個⊙如來本然之道體，是湛寂圓明、虛靈妙體。

如來法身是無形。

如來法性是無體。

如來法心是無相。

因此無心者通，無相者見。

無斷無滅分第二十七

【經文】

須菩提　汝若作是念　如來不以具足相故　得阿耨多羅三藐三菩提　須菩提　莫作是念　如來不以具足相故　得阿耨多羅三藐三菩提　須菩提　汝若作是念　發阿耨多羅三藐三菩提心者　說諸法斷滅　莫作是念　何以故　發阿耨多羅三藐三菩提心者　於法不說斷滅相。

【探義】

如來般若無相之這個⊙妙法，是個永遠不中斷的眞理，故無心隨緣而用，用而不盡，因此自心不可生相而障蔽，亦不可執空而斷滅，所以不生不滅的眞空妙有，謂之絕對本然的中道。

有而無相⊙明而不障，

無而不滅⊙用而不盡。

須菩提　汝若作是念　如來不以具足相故　得阿耨多羅三藐三菩提

前分須菩提聞佛所說「若以色見我，以音聲求我，是人行邪道，不能見如來」之偈詞而後，佛又恐須菩提過於破相之原故，執偏爲頑空，而落成斷滅相，故又對須菩提說：須菩提啊！你若是心執完全

無相，以爲如來自性亦不必有此⊙圓明具足之無相的實相復得，使自心完全的空無一物，才能得無上正等正覺的菩提者。

須菩提　莫作是念　如來不以具足相故　得阿耨多羅三藐三菩提

須菩提啊！你切莫有這樣的想法啊！設若你想如來完全的空無一物，不以具足之相得無上菩提。

須菩提　汝若作是念　發阿耨多羅三藐三菩提心者　說諸法斷滅

須菩提啊！你若是眞的有這樣的想法啊！本來由此⊙眞空萬法具足之本，而能發無上菩提心法的，卻反而不能明此⊙具足實法相而執頑空斷滅。

莫作是念

因此千萬不可有這樣的想法。

何以故

什麼緣故呢？

發阿耨多羅三藐三菩提心者

若是能發出無上正等正覺的這個⊙妙明菩提心法者。

於法不說斷滅相

是這個⊙本然如來眞空實相之法體，不可斷滅，當要掃除外來塵相的妄念，不可存留而斷滅，因此執空非眞空，執有非本有，雖空而不斷，雖有而不執，悟此絕對如來之體，即能復得菩提這個⊙心法。

不受不貪分第二十八

【經文】

須菩提　若菩薩以滿恆河沙等世界七寶　持用布施　若復有人　知一切法無我　得成於忍　此菩薩勝前菩薩所得功德　何以故　須菩提　以諸菩薩不受福德故　須菩提白佛言　世尊　云何菩薩不受福德　須菩提　菩薩所作福德不應貪著　是故說不受福德。

【探義】

一切情欲及順逆之境外塵相，領納在心而生動念謂之受，雖有一切之感受，但心不動念而無我相，即無受，既無受，心自靜而神自清，般若自現，因此不受者，去妄復眞之法要也。凡心有所求而無厭足者爲貪，貪五欲之樂、貪功果、貪福德，貪則有我而生妄，是故欲而不貪，則盡其天職而無爲無所不爲，即能復無妄無我——這個⊙如來圓明之體。

須菩提　若菩薩以滿恆河沙等世界七寶　持用布施

佛曰：須菩提啊！若有菩薩以恆河中一切的沙，每一粒沙比作一世界，以所有無量世界的七寶、來行布施，因其心還有著我施之相而爲，則其所得之福德雖多，亦爲有限。

若復有人　知一切法無我

若再有人，深知一切法，心不著相，無我私、無我見、無我所施之功而無爲。

得成於忍

如此知一切法無我，必須成於忍，故如能時時忍，事事忍，堅時耐久，忍之又忍，直至忍而忘忍之時，則法無我而合於⊙道而自成。

此菩薩勝前菩薩所得功德

如是修之菩薩所得功德，比前菩薩無量世界的七寶布施所得功德，實勝過多多矣。

何以故

爲什麼功德這樣大呢？

須菩提　以諸菩薩不受福德故

須菩提，因修成忘忍而無我的菩薩，自心在清淨中皆是處無爲之事，所以不受福德之故。

須菩提白佛言

須菩提聞之，乃立即請示佛曰：

世尊　云何菩薩不受福德

世尊啊！爲什麼菩薩行施一切法之福德而不貪受呢？那麼豈不是空而一無所得了嗎？

須菩提　菩薩所作福德不應貪著

須菩提啊！菩薩之度生與布施，本爲自性中的天職，原是行所當行之事，所以絕不能計福計德之妄念，使來染受自性，因菩薩所作福德，原來本當順其這個⊙本性自然所發而布施，所以不應生起貪著之妄心。

是故說不受福德

是故眞菩薩不受福德，是因爲不執有爲之妄心，所以不貪不受，而復其這個⊙清淨如來自性的般若，才能成就無量功德。

威儀寂靜分第二十九

【經文】

須菩提　若有人言　如來若來若去　若坐若臥　是人不解我所說義　何以故　如來者　無所從來　亦無所去　故名如來。

【探義】

威儀即如來自性中⊙浩然正氣之眞理，顯於外的萬德眞善美莊嚴之道也。寂靜即如來自性，一塵不染、湛然圓通之體，時時在定中寂然不動而能動動，故非去非來，非動非靜，誠感即通，通即自應。寂靜「〇」即如來之體，威儀「⊙」即如來之用。

體用一貫，動靜自如，眞常不變，隨緣無往而不自在也，故言寂靜而威儀。

須菩提　若有人言

佛曰：須菩提啊！若是有人言說，

如來若來若去　若坐若臥

如來者，有求則來而感，無求則去而寂，坐則盤膝而禪，臥則偃息而靜，行、住、坐、臥有威儀而不損威德，就指言爲如來者，還是著於有相。

是人不解我所說義

這樣說的人，還是不徹底了解我所說的眞義啊！

何以故

什麼緣故呢？

如來者　無所從來　亦無所去

如來自性無相的法身，是不生不滅、包羅萬象，徧滿虛空、不召而來，不思而得、不勉而中、不求而應的妙無而妙有之虛靈〇眞體，只要自心無相，誠於致中⊙隨感即現，現本非來，事去即隱，隱亦非去，故「如」而不去，「來」而不來。

故名如來

是故這個⊙本然自性，眞空的靈明，本來不離我身，無來無去，隱顯自如，故名爲如來。

一合理相分第三十

【經文】

須菩提　若善男子　善女人　以三千大千世界　碎爲微塵　於意云何　是微塵眾　寧爲多不　須菩提言　甚多世尊　何以故　若是微塵眾實有者　佛即不說是微塵眾　所以者何　佛說微塵眾　即非微塵眾　是名微塵眾　世尊　如來所說三千大千世界　即非世界　是名世界　何

以故　若世界實有者　即是一合相　如來說一合相　即非一合相　是名一合相　須菩提　一合相者　即是不可說　但凡夫之人　貪著其事。

【探義】

在宇宙中的一切萬物皆是相對，陰陽互轉，有無相生，大小相形，分合循環，皆是上帝—這個⊙眞理自然而主宰。故微塵聚即爲世界、爲一，世界散即爲微塵、爲異，此異與一是自然互轉而相形，因此不可執爲是一，亦不可執爲是異的邊見以爲實，應明這個⊙眞空的妙理，主宰相對而不相悖的實相道體。佛譬喻世界與微塵，異和一之理，使來啓示自身中，有法身之體爲一本，能顯千百億化身而度眾生的應身爲功用，因此不可以執應身功用之塵，亦不可執法身之一本而障，著功用與一皆是邊見之固執，應了解法身、報身、應身，原是清淨自性所主宰，三身即一體，一體即三身，明此一合理的無相之實相，即能了悟萬物本同體，人人本平等的這個⊙如來眞法性了。

須菩提　若善男子　善女人

佛曰：須菩提啊！若是有善男信女。

以三千大千世界　碎爲微塵

將三千大千世界，碎爲細微塵埃。

於意云何　是微塵衆　寧爲多不

你的意思怎麼樣，這些微塵的數量，你以爲多嗎？

須菩提言　甚多　世尊

須菩提答說：甚多啊！世尊。

何以故

什麼緣故呢？因爲有分必有合，世界化爲微塵，雖然甚多，然後微塵亦歸合爲世界，分合循環本同一體。

（佛的意思就是說：世界比喻法身，微塵比喻應身，由法身化為千千萬萬種應身的善法來度生，原來是本末一貫，顯微無間而同體的。）

若是微塵衆實有者　佛即不說是微塵衆

若是微塵眾，實能常有不變而永爲微塵者，如來佛即不說「碎爲微塵眾」了。

（也就是說，若是應顯千千萬萬度眾生的善法，以為實法，而有所得者，即是執著微塵眾

那麼多的妄相，而不知法身之本了。）

所以者何

所以如何才是真正的根本呢？

佛說微塵衆　即非微塵衆　是名微塵衆

分散爲微塵眾，凝聚合一爲世界，是循環相形的自然律，因此佛所說的微塵眾，即非永存不變的微塵眾，是世界分散而成爲微塵眾的時中，名爲微塵眾。

世尊　如來所說三千大千世界　即非世界　是名世界

須菩提又向佛說：世尊如來所說的三千大千世界，即非永遠聚合不散的世界，是微塵眾凝合成爲世界時中，名爲世界。

何以故　若世界實有者　即是一合相

這個緣故，若是明此世界的聚與散、循環轉動而無始無終的道理，即明這個⊙無極的實相——一本的眞理，所來主宰的一合相。

如來說一合相　即非一合相　是名一合相

所以如來佛說：一合相者，即這個⊙一點清淨性，本在法身與應身之中，合而不可折離，使法身能化千百億應身而度生，因此⊙眞性虛空，不可以言語形容，故即非一合相，此⊙一雖無形無象，包羅大千世界，彌滿六合，主宰萬有，故名爲一合相。

須菩提　一合相者　即是不可說　但凡夫之人　貪著其事

如來佛聞須菩提之回答，已悟其實相之本，故向須菩提說：須菩提啊！一合相之⊙道，空而不空，空生萬有，妙不可言，但庸常之人錮蔽本性，貪著眼前枝末之形色，認幻爲實境，種種著相而不能悟也。

知見不生分第三十一

【經　文】

須菩提　若人言　佛說我見人見眾生見壽者見　須菩提　於意云何　是人解我所說義不　不也　世尊　是人不解如來所說義　何以故　世尊說我見人見眾生見壽者見　即非我見人見眾生見壽者見　是名我見人見眾生見壽者見　須菩提　發阿耨多羅三藐三菩提心者　於一切法

應如是知　如是見　如是信解　不生法相　須菩提　所言法相者　如來說即非法相　是名法相。

【探義】

本然眞知，不生邪知之蔽，自然之知煥發而無所不知，清淨自性，不生妄見之塞，自然明心慧見而無所不見，知見不生者，自性這個⊙般若眞理，原是本明本知，不可爲外識之知見，使內心生妄相而遮蔽，故思在法有法相、中有中相、禪有禪相、知有知相、見有見相，凡所有相皆是虛妄，所以眞知實見之實智慧，是無邪知妄見之假聰明，因本明的天性，本來不離我身；不慮而知之良知，本來不離我心。故一切無心知良心，一切淨心現本眞，心死則性月朗明，心生則欲塵遮蔽，若能悟此非空非不空，即能了明如來⊙眞法相。

須菩提　若人言　佛說我見人見衆生見壽者見

佛恐人著於妄見，不能復見眞性之故，就向須菩提問曰：須菩提啊！若有人這樣說，佛有說我見、人見、衆生見、壽者見。

須菩提　於意云何　是人解我所說義不

須菩提啊！你的意思怎麼樣，此人果眞知道我說四見的眞義嗎？

不也　世尊　是人不解如來所說義

須菩提答說：不能知啊！世尊。此種人，是不了解如來佛所說的這個⊙無知的眞知，無見的眞見義理啊！

何以故　世尊說我見人見衆生見壽者見

什麼緣故呢？如來所說一切眾生，皆能復見絕對無相的眞我，是眞我見。說一切眾生本有佛性，皆一視同仁，一體同觀，是眞人見。說一切眾生，能自度自心眾生，復明自性，是眞眾生見。說一切眾生，自性常明不變，不生不滅是眞壽者見。

即非我見人見眾生見壽者見

所以即非凡夫所執，有思、有爲的我、人、眾生、壽者之相來遮蔽這個⊙圓明慧性之妄見。

是名我見人見眾生見壽者見

佛所說這個⊙妙明般若，本來無所不知，無所不見之體，所以名爲人、我、眾生、壽者等四見。

須菩提　發阿耨多羅三藐三菩提心者　於一切法　應如是知　如是見　如是信解　不生法相

佛又曰：須菩提啊！發無上正等正覺的菩提心者，應了悟此⊙無相的萬法之體，由如是⊙無相的良知，現出如是⊙無相的眞理，信解如其本來佛性之這個⊙無爲法，而常應常靜，心又無生法相之執。

須菩提　所言法相者　如來說即非法相　是名法相

須菩提啊！如來所說這個⊙萬法之本，無思無爲的眞空法相，即非是有思有爲著法的後天妄相。因這個⊙清淨自性，是絕對的眞空妙法之原感而自然通達，通而自發的無相之實相，所以這個⊙萬法皆通、萬法具備的眞空性體，名爲法相。

應化非眞分第三十二

【經文】

須菩提　若有人以滿無量阿僧祇世界七寶　持用布施　若有善男子　善女人　發菩薩心者　持於此經　乃至四句偈等　受持讀誦　爲人演說　其福勝彼　云何爲人演說　不取於相　如如不動　何以故　一切有爲法　如夢幻泡影　如露亦如電　應作如是觀　佛說是經已　長老

須菩提　及諸比丘　比丘尼　優婆塞　優婆夷　一切世間天人阿修羅　聞佛所說　皆大歡喜　信受奉行。

【探義】

我身之應化度生，是誠於中自然應於外，心之動應，即有此⊙清淨法性之主宰而發，此⊙無極眞理，包羅萬象，在天曰道，在物曰理，在人曰性，因此眞佛無形，眞性無體，眞法無相，是爲萬有之本源，萬化之主宰，此⊙道在天雖無形，而能形形，此⊙性在人雖至靜，而能動動，此⊙法在心雖無相而應化無窮，所以應化非眞者，即不可執認應化枝末之身的妄相，而錮蔽靈明之法體，當了悟此⊙根本無相的法性，而無所不應而化的如如不動之體。

須菩提　若有人以滿無量阿僧祇世界七寶　持用布施

佛曰：須菩提啊！若有人以滿無量、無央數的世界的七寶，來行布施，其福雖多。

若有善男子　善女人　發菩薩心者

若再有善男信女，發廣大普濟之慈心。

持於此經　乃至四句偈等　受持讀誦　爲人演說　其福勝彼

誠持於此⊙金剛般若自有之無字經，乃至實悟，佛所說四句偈的身空、心空、性空、法空之無相的實相，信受而持奉，爲人演說，使人明心見性，此最上乘無爲布施的福德，則比以滿無量世界七寶布施的福，更勝多多矣。

云何爲人演說　不取於相　如如不動

怎樣爲人演說，方能使人復金剛自性妙經的眞理呢？本然性體，本通天地，常明寂照，因自心動念，生相障蔽自性眞理，不能流露，所以收心止於至善之地，不執於相，常清常靜，如如在此⊙不動，萬法復歸一本，感而自然，天眞直用，動靜無心，即是眞如來圓明的佛性。

何以故　一切有爲法　如夢幻泡影　如露亦如電　應作如是觀

爲此緣故，世間上一切有思有爲，執於心而有所作爲之法，皆如同夢幻之無實，如同泡影之虛假，如同朝露、電光之忽過，凡是心一動，皆屬有爲之法，此有爲法，應作夢、幻、泡、影、露、電的看法。

世間一切的事物，有生必有死，有形必有滅，皆是相對循環而不息，惟有超越相對，將有作爲之心，悟入絕對這個⊙如如不動之心，即能復先天如來的本覺，此才是不生不滅，不斷不常，不一不異，原樸純眞，單純無爲而能主宰一切，如是即能超萬劫而常存。所以若能以此眞理與人演說，成人成己，才能返此⊙原樸之純眞而成佛聖。

佛說是經已　長老須菩提　及諸比丘　比丘尼　優婆塞　優婆夷　一切世間天人阿修羅　聞佛所說　皆大歡喜　信受奉行

佛已將這個⊙金剛般若無字經，闡述完畢，長老須菩提，以及諸位和尚、尼姑、居士、道姑、一切世間的善男信女；天人、阿修羅、鬼神等，今聞佛所說這個⊙經義，悉受感動，皆大歡喜，誠信保受，奉行其教。

國家圖書館出版品預行編目 (CIP) 資料

金剛經白話直解 / 詹金益著述 . -- 三版 .
- 新北市 : 宏道文化事業有限公司 ,
2022.08
240 面 ; 14.7×21 公分
ISBN 978-986-7232-92-2 (精裝)

1.CST：般若部

221.44　　111007287

金剛經白話直解

著　　述／詹金益

出 版 者／宏道文化事業有限公司
發 行 者／雅書堂文化事業有限公司
郵撥帳號／ 19934714
戶　　名／宏道文化事業有限公司
地　　址／新北市板橋區板新路 206 號 3 樓
電子信箱／ sv@elegantbooks.com.tw
電　　話／ 02-8952-4078
傳　　真／ 02-8952-4084

三版一刷 2022 年 8 月

定價 280 元